프로강사 가 되는 법

47강 프로강사 교과서

저자 김규현

프로강사가 되는 법

초판인쇄 2018년 4월 15일
초판발행 2018년 4월 15일
펴 낸 곳   지오북스

주　소   서울시 중구 퇴계로41길 39, 3층 302호(정암프라자)
등　록   2016년 3월 7일 제395-2016-000014호
전　화   02)2263-6414 ｜ 팩스 02)2268-9581
이메일   emotion-books@naver.com
홈페이지 www.geobooks.co.kr
ISBN   979-11-87541-26-4

값 15,000원
이 책은 저작권법으로 보호받는 저작물입니다.
이 책의 내용을 전부 또는 일부를 무단으로 전재하거나 복제할 수 없습니다.
파본이나 잘못된 책은 바꿔드립니다.

이 도서의 국립중앙도서관 출판예정도서목록(CIP)은 서지정보유통지원시스템 홈페이지(http://seoji.nl.go.kr)와 국가자료공동목록시스템(http://www.nl.go.kr/kolisnet)에서 이용하실 수 있습니다.(CIP제어번호: CIP2018010287)

프로강사가 되는 법

PART 1. 강의를 잘하려면?
1. 좋은 강의란? 10
2. 강의의 핵심키워드 13
3. 청중분석의 중요성 17
4. 이야기의 힘 19
5. 청중을 설득하지 마라 21
6. 공감대를 형성하라 23
7. 흥미를 유발하라 25
8. 청중을 즐겁게 하라 27
9. 청중은 관객이 아니라 주인공이다 29
10. 리드미컬하게 진행하라 31
11. 연기를 활용하라 33
12. 자신의 무기를 만들어라 35

PART 2. 강의 스토리텔링
1. 도입부 40
2. 본론 44
3. 마무리 47
4. 강의 스토리텔링 49
5. 다양한 스토리텔링 방법 56

PART 3. 강의 진행방법
1. 오프닝은 강의의 생명이다 60
2. 강의를 기억하게 하는 마무리 64
3. 쉬운 예시 활용 67
4. 생동감 있는 비유 70
5. 스토리가 있는 에피소드 72
6. 청중을 빠져들게 하는 유머 76
7. 청중을 유도하는 질문의 기술 80
8. 매력적인 화술 84
9. 마음을 사로잡는 제스처 88
10. 생생한 감정표현 90
11. 연기를 활용한 강의 93

PART4. 명강사의 강의법
1. 스티브 잡스 98
2. 버락 오바마 102
3. 김미경 105
4. 김창옥 107
5. 설민석 110
6. 김제동 112

PART5. 다양한 강의방법
1. 강의의 종류 118
2. PPT 중심 강의 120
3. 강연자 중심 강의 124
4. 실용적인 강의 126
5. 교훈을 주는 강의 128
6. 재미있는 강의 130
7. 감동을 주는 강의 133

PART 6. 프로강사가 되는 법
1. 프로강사가 되는 법 136
2. 강의 기획을 하는 방법 137
3. 강의 교안 만드는 기법 138
4. 제안서 보내는 방법 147
5. 강의 시 점검해야 할 일 149
6. 명강사가 되기 위한 4가지 조건 151

프로강사가 되는 법

프로강사는 최소한의 비용으로 최대만족을 얻는 직업이다.

많은 사람들이 프로강사, 명강사를 꿈꾸고 있다.

전국에 수 만 명에서 많게는 수십 만 명에 이르기까지 많은 사람들이 강사라는 직업을 가지고 있다. 그리고 그들 중에는 기업이나 수많은 사람들 앞에서의 강연을 꿈꾸고 있다. 즉, 프로강사를 꿈꾸는 사람들이 생각보다 많다는 의미이다.

프로강사라는 직업은 바다낚시와 같다. 처음에는 넓은 바다 속에서 낚시를 한다는 것은 무모하고 황망하고 어쩌면 굉장히 모험적일수도 있지만 노력과 실력에 따라서 다양한 물고기와 풍부한 어획량을 얻을 수 있다.

저자 역시 수많은 강연과 강의에 참여하고 있지만 콘텐츠의 종류와 '이렇게 대한민국에 강사들이 많나?' 라는 생각에 감탄을 금하지 못할 때가 많다.

프로강사는 금광을 캐는 일이다. 처음에 금광에 대한 정보를 가지고 광산에 가서 열심히 파다보면 결국엔 금광을 발견하게 된다. 여러분도 알다시피 금은 정말 값비싼 가치가 있다.

예를 들어, 프로강사의 경우 시간당 적게는 수십만 원부터 많게는 수천만 원에 이르기까지 능력만 있으면 경제적으로나 기회비용으로나 정말 좋은 직업이라 할 수 있다. 매일 일하는 것도 아니고 자신의 시간을 가치 있게 보낼

가 되는 법

수 있고 스스로의 삶을 영위할 수 있으며 조직에서 오는 스트레스에서도 자유로운 직업이라 할 수 있다.

나이, 출산, 성별 등 강의력과 질 좋은 콘텐츠만 갖고 있으면 그런 모든 편견에서도 자유로울 수 있는 직업이다.

하지만 강의를 하는 모든 사람들이 광산에 간다고 해서 금광을 발견하는 것이 아니다. 그만큼 정보와 노력이 충분하지 않다면 그냥 광산에서 시간을 보낼 수도 있는 것이다.

저자 역시 처음에 배우를 하면서 정말 잘할 수 있는 분야를 찾아서 기쁜 마음에 시작을 했지만 마치 사막에서 생존하는 것처럼 막연하고 황망한 느낌이 엄습해왔다. '두드리면 열릴 것이다.'라는 속담이 있지만 실상 어디를 두드려야할지 어디로 가야할지 그 방향을 찾기가 생각보다 쉽지 않다는 것을 절감했다.

그래서 몇 년 동안 꽤 많은 고생을 할 수밖에 없었다.

저자는 수백 번의 기업 강의와 강연을 통해 갖고 있는 노하우를 여러분께 알려서 시행착오에 걸리는 시간을 줄였으면 하는 바람이 있다.

그렇기 위해 프로강사가 되는 법이 여러분의 강연 금광을 찾는데 더 효율적이고 생산적인 책이 되기를 진심으로 바라고 있다.

- 2018년 봄 날... 김규현 -

PART 1. 강의를 잘하려면?

1. 좋은 강의란?

> **TIP**
> 1. 재미를 줄 것인가?
> 2. 감동을 줄 것인가?
> 3. 지식을 줄 것인가?
> 4. 실용성을 줄 것인가?

좋은 강의란 무엇인가?

우리가 영화를 보고 영화관을 나올 때 '아 이번 영화는 정말 대박이다.' 라고 생각하는 경우를 예로 들어보자. 일단 소재와 내용이 신선하고 재미가 있어야 한다. 하지만 단순히 재미만 있으면 되는 것이 아니라 감동과 느끼는 것이 있어야 한다.

강의도 마찬가지이다.

제목과 내용이 흥미를 유발해야 한다. 사람들은 식상한 것에 대해 지루함을 느끼기 마련이다. 똑같은 것, 비슷한 것 이런 것들은 신선함을 주기 어렵다. 가령, 아무리 맛난 음식을 먹더라도 똑같은 음식을 계속 먹으면 물리기 마련이다. 그런 것처럼 소재나 내용에 신선함이 없으면 지루함을 줄 수밖에 없다.

1. 좋은 강의란?

그것은 자연의 법칙이자 당연한 현상이다.

대부분의 강사들은 '내가 청중에게 어떤 이야기를 할 것인가?'를 가지고 고민한다. 하지만 더 중요한 것은 '청중은 어떤 이야기를 듣고 싶어 하는가?'를 파악하는 일이다. 청중에게 끌려 다니라는 것이 아니라 청중의 가려운 곳을 긁어줄 수 있는 강의가 좋은 강의라는 것을 역설적으로 말하는 것이다.

가끔 청중은 원하지 않은데 자신이 하고픈 이야기를 고집해서 하는 강사들이 있다. 하지만 그것은 스스로를 위한 강의에 지나지 않는다. 예를 들어, 노래방에서 자신의 스트레스를 풀기 위해 고성을 지르게 되면 자신은 스트레스가 풀리겠지만 그 노래를 듣는 사람들은 여간 곤혹스런 일이 아니다.

강의도 마찬가지이다. 청중이 원하는 것을 창의적으로 긁어줄 수 있는 강사가 좋은 강사이다. 따라서 강의에서 이야기하고픈 콘텐츠를 생각할 때 그러한 부분을 먼저 반드시 고려해야 한다.

즉, 재미를 줄 것인가? 감동을 줄 것인가? 지식을 줄 것인가? 실용성을 추구할 것인가? 프로강사로 입문할 때 고민해야 하는 첫 번째 단계이다.

이야기의 주제에 따라 재미, 감동, 실용성의 콘텐츠가 나뉠 수 있다.

예를 들어, 소통을 얘기하려고 할 때 그것을 어떻게 활용할 것인지에 주안점을 두면 실용적인 강의가 될 것이고 우리가 왜 소통을 해야 하는지, 왜 우

리는 불통의 시대에 살고 있는 지에 초점을 두면 재미와 감동이 있는 강연이 될 것이다.

  그러기 위해서 명 강의를 하는 프로강사가 되려면 바로 시대의 흐름과 거기에 맞는 자신만의 진정성 있는 콘텐츠를 찾기 위한 노력이 필요한 것이다.

  콘텐츠의 진정성을 얼마나 창의적이고 생동감과 설득력 있게 표현할 수 있는가가 좋은 강의의 요건이 될 수 있다.

TIP
1. 재미를 줄 것인가?
2. 감동을 줄 것인가?
3. 지식을 줄 것인가?
4. 실용성을 줄 것인가?

2. 강의의 핵심키워드

> **TIP**
>
> 강의스토리를 이끄는 키워드

과연 무엇을 얘기할 것인가?

강의를 기획할 때 제일 먼저 생각해야 하는 부분이 '강의주제'이다. 과연 어떠한 주제를 가지고 청중과 소통할 것이고 청중을 설득할 것인지가 그 무엇보다 중요하다. 그리고 그러한 강의주제를 가지고 스토리부터 디자인 발표로 이어지는 유기적인 생각과 구성을 해야 한다.

어떠한 이야기를 하더라도 핵심키워드가 분명하면 그 이야기는 중심이 잡히지만, 핵심이 없으면 이야기가 산만해진다.

따라서 어떤 이야기를 할지를 고민하는 것이 우선이 되어야 한다.

예를 들어, 주제를 '언어폭력'이라고 생각해 보자. 직장, 가정, 학교 내에서의 대화를 통해 언어폭력의 문제점과 원인 등을 말할 수 있다. 그런데 이 언어폭력이라는 주제도 '언어폭력', '우리가 몰랐던 언어폭력', '통계로 알아본 언어폭력', '인성교육과 언어폭력' 등 제목에 따라 그 구체적인 제시방향이 달라질 수 있다. 만약 '우리가 몰랐던 언어폭력'이라는 주제를 가지고 강의를 한다면 우리가 미처 알지 못하지만 언어폭력에 해당하는 것에 대해 더 구체적으로 얘기할 수 있는 것이다.

또한 '마케팅'을 가지고 생각해보자.

역시 '마케팅'이라는 막연한 제목이 아니라 '효과적인 SNS 마케팅'이나 '하루 방문자 300명을 위한 키워드 검색광고' 등으로 구상해야 구체적으로 흐름을 구성할 수 있다.

만약, '하루 방문자 300명을 위한 키워드 검색광고'로 핵심키워드를 구상한다면 거기에 맞는 예산과 홍보전략 그리고 차별전략을 구성할 수 있지만, 제목 자체가 그런 예리함이나 구체성이 없다면 강의 역시 날카로움을 기대하기는 어렵다.

몇 단 형식이든 어떤 전개이든 핵심이 튼튼하고 구체적이면 그 스토리는 흔들리지 않는다는 것을 명심하자.

강의는 결국 강사가 말하는 주제를 얼마나 핵심적으로 보여주는가이다. 이야기가 짧거나 길거나 핵심이 분명하면 그 강의는 흔들리지 않는다. 핵심을 지탱할 수 있는 구성이 바로 일관성이다.

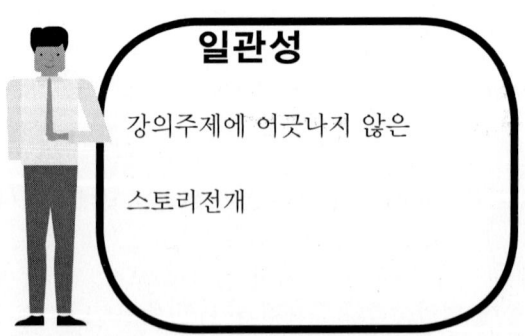

강의의 이야기를 나무라고 한다면, 나무의 줄기는 '핵심'이 된다. 이 핵

2. 강의의 핵심키워드

심을 지탱하는 것이 바로 일관성이다. 즉, 핵심을 벗어나지 않게 나무줄기의 방향을 유지해 줘야 한다.

또한, 강의의 주제가 '인상적인 나의 소개' 라면 내가 그동안 살면서 경험했던 재밌었던 에피소드와 성격 등이 주를 이뤄야 한다. 다시 말하면, 핵심키워드에 따라 목차가 일관성 있게 흐름을 맞춰나가야 하고 그 흐름은 진부하지 않고 짜임새가 탄탄해야 한다는 의미이다.

강의에서 핵심키워드는 중심을 잡으면서 이야기의 예리하게 날카로움을 전할 수 있다.

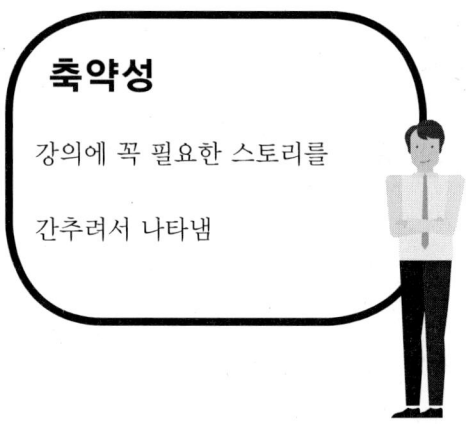

축약성

강의에 꼭 필요한 스토리를 간추려서 나타냄

축약성이란 강의에 꼭 필요한 스토리를 간추려서 나타내는 것이다. 강의의 날카로움과 집중력을 더하기 위해서 이야기가 반복되거나 비슷한 것을 간추려서 말을 할 줄 알아야 한다. 같은 이야기가 반복되거나 비슷한 이야기가 나열이 되면 청중들은 지루함을 느끼기 때문에 강의의 밀도가 떨어지게 된다. 그렇기 때문에 강사는 주제에 맞는 꼭 필요한 이야기를 하려는 노력을 해야 한다.

강의의 주제를 생각하고 기획할 때 막연하거나 추상적이게 되면 전체의 스토리 역시 막연해질 수밖에 없다. 따라서 구체적이고 예리한 키워드로 구상해야 강의 역시 구체적인 느낌을 줄 수 있다. 그렇기 때문에 주제는 매우 구체적이어야 한다. 구체적일수록 청중의 니즈와 가려운 부분을 더 정확히 긁

프로강사가 되는 법

> **TIP**
> 1. 두괄식인가, 미괄식인가
> 2. 설명의 방식인가 논증의 방식인가
> 3. 동화적인 방식인가, 이화적인 방식인가

어줄 수 있다.

결론을 앞에 얘기할 것인가? 구체적으로 설명을 하는 방식인가? 논리적으로 증명을 해야 하는 강의인가? 그리고 공감대를 형성할 것인가? 아니면 청중을 낯설게 할 것인가? 이야기를 구성할 때 고민해야 하는 부분이다.

결론이 앞에 있는 두괄식의 경우 바로 결론을 제시하기 때문에 임팩트가 강할 수 있다. 하지만 이미 청중은 결론을 알고 있기 때문에 그 이후에 스토리가 처음의 임팩트를 받쳐주지 않으면 금세 지루해질 수도 있다.

미괄식의 경우 결론이 뒤에 있기 때문에 점층적, 체계적으로 진행할 수 있는 장점이 있다. 하지만 자칫 결론까지 가는 스토리가 약할 때에는 산만해질 수 있기 때문에 탄탄한 스토리를 만드는 것이 무엇보다 중요하다.

또한, 관객에게 공감대를 형성하면서 동화를 줄 것인지 아니면 관객에게 낯선 느낌을 줘서 색다른 느낌을 줄 것인지도 고민해야 한다. 가령, 감정노동자를 대상으로 감정노동 강의를 할 때 동화적인 구성은 그들의 정신적 감정적 피로감에 공감을 하면서 서서히 동화를 시키는 것이다. 이에 반면 이화적인 구성은 가령, 재테크를 주제로 했을 때 '재테크를 잘하려면 재테크를 하지 않으면 된다.'라고 역설적으로 말하면서 청중의 흥미를 자극하는 것이다. 그렇게 되면 청중은 강사의 얘기에 더 귀를 기울일 수 있다. 단, 이화적인 구성을 하려면 논리와 설득력이 충분하지 않으면 청중의 신뢰를 잃게 될 수도 있다.

3. 청중분석의 중요성

```
1.  대상이 누구인가
2.  몇 명 정도의 인원인가
3.  남녀비율과 나이는
4.  그들의 관심사는
```

청중은 어떤 사람인가?

강의와 강연에서 청중 분석은 핵심만큼이나 중요하다.

청중의 연령은 어떠한지 성별과 비율은 어떻게 되는지 성향은 어떠한지를 정확히 분석해야 백전백승을 할 수 있다.

'지피지기면 백전백승이다.' 라는 말은 강의에서 꼭 필요한 말이다.

필자는 프레젠테이션을 많이 지도해보고 현장에서 다양한 발표를 해보기도 했지만, 초창기에는 청중 분석이 정확히 되지 않아서 애를 먹었던 적이 있었다. 실제로 남자가 많을 줄 알았는데 막상 가보니 여자가 많았거나 청년층이 많을 줄 알았는데 실상은 중장년층이 많은 경우가 있었다.

예를 들어, 주부를 대상으로 '소통'이라는 주제를 놓고 강의안을 구성을 하면 에피소드 역시 자녀와의 대화, 부부의 대화로 초점을 맞춰야 하는데 일반적인 에피소드나 직장 에피소드를 제시하면 청중의 공감대를 형성하기 어렵기 때문에 좋은 강의라고 할 수 없다. 직장에서도 마찬가지이다. 신입

직장인을 대상으로 강연을 하는 데, 경영자의 어려움이나 팀장 리더십을 얘기하는 것은 공감대를 얻기 힘들다.

또한, 학생들을 대상으로 정치 얘기나 군대 얘기를 하는 것 역시 청중의 마음을 얻기가 어렵다. 그들의 관심사와 좋아하는 것을 정확히 알수록 강의 역시 구체적으로 침투할 수 있는 것이다.

따라서 청중의 대상과 인원 그리고 비율 등을 제대로 파악해서 강의를 준비하는 것이야말로 청중의 마음을 열 수 있는 전략적 방법이다. 좋은 강의란 청중이 원하는 부분을 정확히 긁어주는 것이기 때문에 치밀하게 청중을 연구하는 것은 강의의 성공 여부를 가늠할 수 있는 척도가 될 수 있다.

그렇기 때문에 강의와 강연에서 청중분석은 매우 중요한 역할을 할 수 있다.

4. 이야기의 힘

> 1. 무슨 얘기를 할 것인가
> 2. 청중이 얻어가는 것은 무엇인가
> 3. 공감할 수 있는 이야기인가

강의를 할 때 PPT나 강의 교안의 화려함과 세련미만 추구하게 되면 이야기가 사라지게 된다. 이것은 마치 겉으로는 그럴싸한 음식이나 막상 먹어보면 내가 무엇을 먹었는지 모르는 그런 느낌과 같다.

강의에서 가장 중요한 것은 바로 '이야기' 이다. 이야기는 바로 발표자가 말하고자 하는 것, 청중에게 전달하고자 하는 '무엇' 이다.

PPT에 치중한 나머지 이야기를 도외시하게 되면 청중은 결국 보기 좋은 영양가 없는 음식을 먹게 되는 느낌이다. PPT에 공을 들이는 시간에 이야기에 집중하라. 내가 청중에게 전달하고자 하는 이야기가 무엇인지, 그리고 어떤 내용을 얘기해야 할지를 고민하는 것이 효율적인 방법이다.

예전에 어떤 강의에 참석한 적이 있었는데, 음향과 역동적인 애니메이션 효과 그리고 화려한 색감과 디자인으로 눈을 즐겁게 한 강의였다. 그런데 남는 것이 없었다. 주제가 '투자기법' 이었는데 마치 볼거리 위주의 뮤직비디오 한 편을 보고 온 느낌, 하지만 무엇을 얘기했는지가 생각이 나지 않는 느낌이었다.

물론 교안이나 PPT 역시 중요하다. 가령, 아무리 좋은 밀가루로 피자를 만

들어도 토핑이 제대로 되지 않으면 맛이 완성이 되지 않는 만큼, 좋은 이야기에 알맞은 PPT 디자인을 하는 것은 금상첨화다.

하지만 PPT 디자인은 이야기를 토대로 해야 하는 만큼 내가 말하고자 하는 뼈대가 무엇인지를 확고히 해야 함은 아무리 강조해도 지나치지 않는다.

이야기를 전달할 때 가장 중요한 부분은 바로 통찰력이다.

여기서의 통찰력이란 청중에게 어떤 메시지를 전달하느냐에 대한 것이다. 마치 나무 하나하나가 모여서 숲을 이루듯 이 강연의 기획자는 청중에게 자신이 보여주고자 하는 것이 나무가 아닌 숲이라는 것을 설득시키기 위해 치열한 고민을 하는 것이다. 통찰력이 없는 메시지는 하나의 단편적인 나무에 지나지 않는다. 그렇기 때문에 강의를 기획하는데 있어서 고려해야 하는 부분이 이야기를 꿰뚫어 볼 수 있는 통찰력이다. 즉, 그 이야기가 실용적인 것이든 교훈을 주는 것이든 무슨 이야기를 통해 청중에게 어떠한 메시지를 줄 것인지를 고민해야 한다.

그리고 강사의 치열한 고민은 통찰력을 만들고 바로 그러한 통찰력은 메시지를 창출하고 그리고 그러한 메시지는 청중에게 강한 영향력을 심어주게 된다.

5. 청중을 설득하지 마라

우리는 누구나 설득을 당하는 것을 좋아하지 않는다. 왜냐하면 사람은 자신을 지키려고 하는 자존심이라는 방어가 있기 때문이다.

그래서 우리는 누군가 자신에게 조언을 하거나 가르치거나 설득을 하는 것을 싫어한다. 하물며 강의는 더하면 더했지 덜하지 않는다. 그래서 처음에 강의를 시작할 때 냉랭하거나 청중이 경직이 되는 이유도 설득을 당하는 것을 두려워해서이다.

이것이 이율배반적인 문제이다. 왜냐하면 강의나 강연이라는 것은 강사가 청중에게 설득을 해야 하는데 청중은 설득을 당하는 것을 두려워하고 방어하기 때문이다.

그렇기 때문에 이율배반적으로 설득을 하지 않으려고 해야 설득을 할 수 있는 논리가 성립될 수 있다. 즉, 은근하게 설득하라는 것이다. 예를 들어, 어떤 사람이 필요한 화장품이 있어서 화장품 가게에 들어갔다고 생각해 보자. 들어가자마자 직원이 "이 제품은 좋은 것이니 꼭 사세요."라고 얘기한다면 여러분이라면 구매의욕이 생기겠는가? 절대 그렇지 않다. 그렇게 되면 꼭 필요하지 않은 사람이라면 오히려 반감이 생긴다.

화자의 경우 예전에 실수를 한 적이 있다. '저자 출판기념회 강연'을 열어줘서 그날 열심히 책에 대한 소개와 내용을 설명했는데 오히려 청중이 그날은 책에 대한 구매를 많이 하지 않았다. 그래서 원인을 알고 싶어 그날 청

프로강사가 되는 법

중에게 출판기념회가 어땠냐고 물어보니, 강의를 듣고 싶어왔는데 책 소개에 대한 비중이 길어져서 오히려 구매욕이 떨어졌다고 했다. 그때 '아차.' 하는 마음이 들었다. 수많은 대화법과 발표법 그리고 설득에 대한 책을 쓴 내가 실수를 한 것이다. 은근하게 청중에게 다가가야 하는 걸 잊고 열심히 소개를 하려는 의욕을 앞세운 것이 오히려 역효과를 냈던 것이다.

그렇기 때문에 강의를 잘하고 강사가 자신의 얘기를 청중에게 심어주고 설득하기 위해서 자연스럽게 자신의 에피소드와 유머로써 청중의 방어벽을 허무는 작업이 훨씬 중요한 이유이다. 그러다보면 자연스럽게 청중은 방어벽을 허물고 강사의 얘기를 마음을 터놓고 듣게 된다. 이때 자연스러운 설득이 되는 것이다.

서양 속담에 '은근한 불이 조청을 만든다.' 라는 얘기가 있다. 그것처럼 청중을 설득하기 위해서는 직접적인 설득을 하려고 하지 말고 은근하게 즉, 부지불식간에 자신의 얘기를 전달하는 것이 중요하다.

6. 공감대를 형성하라

사람은 누구나 자신과 동질감을 느끼는 대상에게 마음을 열게 되어 있다. 예를 들어, 어떤 친구가 이성과 이별을 해서 실연의 아픔을 겪고 있을 때 이야기를 듣던 상대방도 그런 경험을 최근에 겪었다고 하며 마음을 털어놓으면 실연의 동질감을 느끼게 되어 마음을 터놓게 된다.

그런 것처럼 강의를 할 때 청중의 가려운 곳을 같이 긁어주거나 건드려주면 청중들은 강사에게 동질감을 느끼게 된다. 가령, 직장인들을 대상으로 '직장생활 처세'에 대한 강의를 한다면 그들의 직급이나 성별에 따라 다를 수는 있겠지만 '미생'이라는 프로그램을 예를 들어 얘기하면 금방 공감대를 형성할 수 있다. 왜냐하면 그 드라마에서의 캐릭터들이 직장에서의 사원, 대리, 과장, 차장, 부장을 잘 대변하는 부분이 많기 때문이다.

그런데 그것을 초등학생들에게 얘기를 한다면 공감을 얻기가 어렵다. 왜냐하면 초등학생들의 관심사는 그런 드라마보다는 게임이나 만화에 있기 때문이다. 따라서 그들에게는 아이가 좋아할 수 있는 캐릭터나 만화를 가지고 얘기하는 것이 훨씬 더 공감대를 얻을 수 있는 것이다.

예전에 중학생들을 대상으로 '언어폭력'에 대한 강의를 한 적이 있는데 그때 예시를 직장에서의 언어폭력을 예를 들어 설명하다가 분위기가 냉랭해진 적이 있었다. 학생들이 공감 하지 못한 얘기를 필자 혼자 애를 쓰면서 공감대를 형성하려고 노력했던 것이 화근이었다. 그렇기 때문에 강의주제에 맞춰서 얘기를 하는 것도 중요하지만 청중이 어떤 부분이 간지럽고 어떤 부분

 가 되는 법

에서 감정을 느끼는 것인지를 면밀히 파악하고 거기에 맞는 공감을 형성할 수 있는 이야기와 에피소드를 준비하는 것이 훨씬 중요하다.

7. 흥미를 유발하라

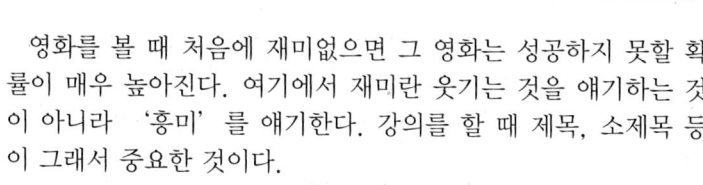

흥미

소재와 전개가 청중에게 흥미를 유발할 만큼 신선한가

　영화를 볼 때 처음에 재미없으면 그 영화는 성공하지 못할 확률이 매우 높아진다. 여기에서 재미란 웃기는 것을 얘기하는 것이 아니라 '흥미'를 얘기한다. 강의를 할 때 제목, 소제목 등이 그래서 중요한 것이다.

　제목과 소제목은 청중들에게는 첫인상과 같은 것이기 때문에 가급적이면 시작부터 청중을 사로잡을 수 있는 '흥미'를 유발할 수 있는 내용이어야 한다. 가령, 교훈적인 강의를 할 때 '행복'이라는 제목보다는 '불행해지면 안 되는 10가지 이유' 또는 '당신은 현재 행복하십니까?'라는 제목이 더 시선을 사로잡을 수 있다. 물론 너무 자극적인 소재나 허황된 제목은 오히려 반감을 일으킬 수 있기 때문에 이야기의 주제에 맞는 적합한 제목이어야 한다.

　실용적인 강의도 마찬가지이다. '사진을 찍는 방법'이라는 제목보다는 '사진을 망치는 유형' 또는 '당신은 당신의 사진에 몇 점을 주고 싶습니까?' 노래에서는 '노래를 잘하는 법'보다는 '음치를 탈출할 수 있는 5가지 기법', '노래방에서 주목을 받을 수 있는 노래기법' 등의 구체적이면서 흥미를 줄 수 있는 제목으로 하는 것이 더 좋은 방법이다. 마케팅에서도 '홍보방법'보다는 '30% 매출 증진을 위한 홍보방법', '40대 이상의 중, 장년층을 끌어들이기 위한 마케팅' 등의 구체적이면서 흥미를 줄 수 있는 제목으로 하는 것이 더 좋은 방법이다.

물론 모든 소제목마다 자극을 주게 되면 과유불급이라고 오히려 악영향을 끼칠 수 있다. 즉 모든 부분을 다 강조하는 것이 아니라, 제목, 특정부분 또는 꼭 강조해야 할 부분에 흥미를 유발하라는 것이다.

제목과 소제목에 흥미를 유발했다면 다음은 스토리와 디자인이다. 디자인은 이야기를 받쳐줘야 한다. 이야기가 드라마에서 '주연'이라면 디자인은 '조연'으로 주연을 받쳐 주는 역할을 해야 한다. 이야기에 맞는 강조할 부분에 있어서의 색상과 디자인 또는 인포그래픽을 디자인하는데 있어서도 진부한 디자인보다는 새롭고 신선한 느낌이 훨씬 더 청중에게 흥미를 줄 수 있다. 이때 이미지나 동영상으로 흥미를 유발하는 것도 좋은 방법이다.

우리가 영화를 볼 때 단편적인 느낌의 영화보다는 그 영화 안에 시각적 효과와 더불어 다양한 스케일이 들어갈수록 흥미를 끄는 것처럼 청중에게 인상을 심어주는 강의를 보여주려면 단편적인 구성보다는 입체적인 구성 즉, 표와 수식 그리고 영상이 들어갈 수 있는 또는 새로운 퍼포먼스 가령, 이벤트를 준비하는 것도 아주 신선한 방법이다.

신선함이 없는 강의는 유통기한이 지난 음식에 지나지 않는 것처럼 더 이상 청중은 그러한 식상한 주제나 내용엔 관심을 기울이지 않는다. 그렇기 때문에 강의의 기획자가 고려해야 하는 부분은 메시지나 내용이 과연 새로운 것인지에 대한 것이다. 그래야 청중에게 영향력과 인상을 심어줄 수 있게 된다.

8. 청중을 즐겁게 하라

청중의 마음을 열기에 '유머'만큼 좋은 것은 없다.

청중이 한 번 웃을 때마다 강의의 집중도와 흥미는 올라간다. 왜냐하면 강의를 할 때 가장 어려운 부분이 처음의 냉랭한 분위기를 따뜻하게 바꾸는 것인데 그러한 부분에 있어 유머만큼 좋은 무기는 없기 때문이다.

대부분의 명사의 경우 바로 청중을 즐겁게 만들어서 처음의 냉랭한 분위기를 반전시키는 능력이 뛰어나다. 물론 웃기라는 것이 단순히 재미를 주라는 것은 아니다. 어떤 강사의 강의의 경우 분명 재미는 있었는데 남는 게 없는 경우도 있다. 마치 영화를 볼 때 분명 2시간동안 웃긴 웃었는데 뒤돌아보면 기억에 남는 장면이 없는 것처럼 말이다.

그럼에도 불구하고 일단 재미가 있으면 청중은 마음을 열고 강의에 동화되는 것에 매우 수월할 수 있다. 즉, 강의의 목표와 청중을 웃기는 것이 아니라, 강의의 주제와 내용을 전달함에 있어서 청중에게 다가서는 부분에 있어 웃게 만들라는 의미이다.

사람에게는 스스로를 보호하려는 자율신경이 있다. 이 자율신경이 감정과 연관되는 부분인데. 교감과 부교감신경으로 이루어진 자율신경으로 인해 긴장과 이완이 만들어진다. 그리고 긴장을 하는 이유는 낯선 환경과 타인으로

부터 자신을 방어하기 위해서이다. 그렇기 때문에 청중은 친숙하지 않은 처음의 자리에서 긴장을 할 수 밖에 없는 것이다. 그런데 바로 이러한 '자신을 보호하는 긴장'을 깨뜨리지 못하면 청중의 마음을 절대 움직일 수 없다. 그리고 가급적이면 빨리 이러한 청중의 마음을 무너뜨려야 강사가 원하는 강의를 밀도 있게 전달할 수가 있는 것이다. 바로 김창옥 강사가 그러한 부분을 잘 활용하고 있다. 처음에 주제에 맞는 자신의 에피소드로 미친 듯이 청중을 웃게 만든 다음 어느새 방어벽을 완전히 무너지게 한다. 그러고 나서 무방비에 있는 청중을 자신이 마음먹은 대로 움직이게 만든다.

하지만 공격적인 유머나 독설의 재미는 지나치면 '독'이 될 수 있다.

어떤 강사의 경우 재미를 추구한 나머지 청중을 공격하는 유머를 할 때도 있다. 예전에 어떤 강사분이 청중의 한 분에게 "세 번째 오른쪽에서 두 번째 앉아 계신 분. 제 이상형을 발견했습니다. 머리에서 발끝까지 제가 꿈에 그리던 모습이네요. 아. 그런데 얼굴에서 걸리긴 하네요."라고 했다가 사람들의 원성을 산 경우도 있다.

재미만을 추구하기 위해 무모한 유머를 하거나 청중에게 상처를 입히는 유머는 오히려 강의의 질을 갉아먹는다. 재미는 청중의 긴장을 이완으로 바꾸기 위함이지 긴장을 더욱 조성하기 위해서가 아니기 때문이다.

그런 '독'이 되는 유머들을 조심하고 건강한 생각과 긍정적인 마인드 그리고 청중을 배려하는 따스한 마음씨로 하루하루 말을 한다면 누구나 좋아하게 되고, 바로 진정한 '재미있는 강의'를 할 수 있을 것이다.

9. 청중은 관객이 아니라 주인공이다

TIP
1. 비유와 예시로 쉽게 이해를 도모할 것인가
2. 에피소드로 친근함을 유도할 것인가
3. 질문을 통해 해답을 찾게 할 것인가
4. 청중을 강의에 참여해서 전달할 것인가

비유와 예시를 활용할 것인가? 에피소드로 친근함을 유도할 것인가? 질문을 활용할 것인가? 청중을 참여시킬 것인가? 어떠한 강의와 강연이냐에 따라 이야기를 풀어가는 방식이 다를 것이다.

청중에게 일방적인 강의를 하는 것은 상당히 위험할 수 있다. 물론 경우에 따라 강의자 중심의 강의가 필요한 경우도 있다.

하지만 여기서 문제가 되는 것은 청중에 대한 배려와 참여 없이 독선적으로 강의를 진행해 나갈 때 청중은 피로를 느낄 수 있다. 관객이 없는 연극과 영화는 상상할 수 없듯이 청중 없는 강의는 의미가 없다.

따라서 어떤 강의를 기획할 때 제일 중요한 점은 청중을 먼저 고려해서 청중에게 어떤 것을 심어줄 것인지를 파악해야 하고 청중에게 어떻게 하면 효과적으로 강의내용을 전달할 것인지를 고민해야 한다.

그렇기 때문에 청중들에게 비유와 예시 그리고 에피소드로 강의내용을 구

체적으로 설명하는 것이 중요하다. 강의내용을 효과적으로 전달하는데 있어 예를 드는 것만큼 좋은 것은 없다. 그런데 예시 중에서도 에피소드나 비유 특히 자신의 이야기를 통해 예를 들게 되면 청중들의 공감대를 확연히 얻을 수 있다.

그리고 질문을 통해 청중을 참여시키는 것도 중요하다.

가령, '전통문화의 소중함'이라는 주제로 강연을 할 때 강사가 일방적으로 강의를 하는 것보다 질문을 통해 "OO님은 평소 전통문화에 대해 어떻게 생각하세요?", "OO은 우리 고유의 문화일까요?"라고 질문을 하면 청중은 거기에 맞게 생각을 하게 되고 자신도 모르게 강사와 소통을 하게 된다. 물론, 그 질문이 폐쇄형 질문이나 청중을 불쾌하게 만드는 무례한 질문이어서는 안 된다.

또한, 청중을 강의에 직접 참여시키는 것도 좋은 방법이다.

예를 들어, 놀이동산을 간다고 하자. 아무리 눈으로 바이킹이라든가 회전목마 등을 구경한다고 해도 실제로 타보는 것과는 천지차이이다. 강의도 마찬가지다. 청중이 강사의 강의를 듣는 것과 체험하는 것은 참여도와 체득적인 부분에 있어서 큰 차이를 보일 수 있다.

'도자기를 만드는 방법'이라는 주제로 강의를 할 때, PPT나 교안을 가지고 일방적으로 강사가 설명하는 것보다 청중 모두를 그룹을 만들거나 개별적으로 실습을 할 수 있는 시간을 주거나 대표적으로 몇 명을 강의에 참여시켜 실습을 통해 피드백을 주는 것이 실용적인 면이나 이해 측면에서 큰 효과를 줄 수 있다.

10. 리드미컬하게 진행하라

TIP

1. 어떠한 화법으로 표현할 것인가
2. 어떠한 제스처로 표현력을 높일 것인가
3. 내용을 어떠한 감정으로 전달할 것인가

우리가 흔히 대화나 설득을 할 때 말이 중요할 것 같지만, 실제로는 말을 할 때의 감정표현, 시선, 음성, 말투, 제스처가 더 상대방의 마음을 흔들 수 있다.

말이 이성을 자극한다면 비언어적인 표현은 감성을 침투할 수 있다. 즉, 싱싱한 재료를 생동감 있게 전달하는 것이 좋은 스피치다.

그렇다면 생동감 있는 표현이 무엇일까? 생동감 있는 표현을 다음과 같은 예로 말할 수 있다.

우리는 흔히 교장 선생님의 말씀이 지루하다고 느끼는 경우가 많다. 그 이유가 뭘까? 그것은 바로 교장 선생님의 억양, 음의 높낮이, 말의 리듬과 템포 등에 변화가 없기 때문이다. 즉 지루함을 주는 똑같은 템포의 말이 문제를 유발한다.

그렇다면 생동감 있는 표현이란 마치 음악처럼 운율과 높낮이 등의 리드미

컬한 표현이라 볼 수 있다. 아무리 내용물이 좋아도 포장지가 없으면 무언가 세심해 보이지 않고, 포장지는 화려한데 내용물이 부실하면 공허한 느낌이 크다.

 이 내용물과 외형의 조화가 이루어 졌을 때 비로소 좋은 스피치라 말할 수 있다.

11. 연기를 활용하라

　명사들의 공통점이 있다. 그들은 강의를 할 때 생동감 있게 에피소드나 내용을 표현할 줄 안다. 생동감 있게 강의의 주제나 내용을 표현할 수 있는 방법이 무엇일까? 생각해보라. 음악? 미술? 무용? 물론 다른 예술이나 장르로 강사가 말하고자 하는 것을 표현할 수도 있다. 하지만 단언컨대 연기만큼 생동감을 잘 전달할 수 있는 것은 없다. 김미경 강사의 예를 들어보자. '남자와 여자의 연애에 대한 생각'에 대한 얘기를 하다가 남녀 차이에 대한 의미를 재미있게 말한다. 그러다가 애인 사이의 남자와 여자의 대화를 흉내 낸다.

 여자 : 오빠. 나 어디가 좋아?

 남자 : 그냥. 다 좋지...

 여자 : 근데 어제는 왜 그렇게 얘기 안했어?

 남자 : 내가?

 여자 : 어제는 왜 머뭇거렸어.

 남자 : 그게 아니라 어제는 내가 뭘 하고 있던 중이었잖아.

 여자 : 됐어.

이런 대화를 김미경 강사는 남자와 여자의 역할극을 통해 특징을 표현함으로써 삐진 여자의 느낌과 당황한 남자의 느낌을 생동감 있게 표현한다. 김창옥 강사도 마찬가지이다. 김미경 강사는 상황에 대한 느낌을 김창옥 강사는 인물에 대한 표현을 맛깔스럽게 표현한다.

예를 들어, 소통이라는 주제로 강연을 하다가 자신의 어렸을 때 무뚝뚝한 아버지와 잔소리를 하시는 어머니의 모습을 재연하거나 또는 스님에게 해답을 얻으려고 할 때에 근엄한 스님의 재연하는 모습에서의 표정과 목소리 그리고 특징을 잡아내어 설명을 할 때가 있다. 그러한 모습에서 청중들은 배꼽을 잡고 웃는다.

바로 이러한 부분이 연기의 잠재력이다. 연기를 통해서 상황을 재현하면 마치 3D영화를 보듯이 구체적으로 상황을 연출할 수 있고 청중이 직접적으로 상황을 느낄 수 있기 때문에 상황 설명과 재미의 일석이조의 효과를 얻을 수 있다.

또한, 직접적인 재연 외에도 역할극으로 상황을 설명할 때도 있다. 가령, 백화점에서의 상황을 설명할 때 강사와 청중 또는 강사 혼자 모노드라마로써 상황을 연출해서 설명하면 청중들의 흥미와 공감대를 얻을 수 있다.

그리고 청중들은 굉장히 재미있어하거나 깊은 공감을 느낀다. 바로 이런 부분이 연기를 활용한 강의의 매력이다.

12. 자신의 무기를 만들어라

김재동, 김창옥, 김미경 이들의 공통점이 무엇인가?

그것은 바로 그들만의 창의적이고 흥미롭고 감동적인 강의 콘텐츠와 이야기를 풀어내는 방식이다. 평생교육이라는 이념아래 수많은 강사와 강의콘텐츠가 지식의 바다라는 물속에 떠다니고 있다.

그 안에서 자신의 콘텐츠와 표현이 청중에게 각인이 되려면 '자신만의 무기'가 있어야 한다. 그것이 창이든, 송곳이든, 삼지창이든 자신의 무기가 확실해야 청중을 사로잡는 강사가 될 수 있다.

강연장에서 강의를 듣다보면 어디서 많은 이야기를 가지고 어디서 많은 표현을 하는 강사들이 종종 있다.

감동적인 강연의 기본은 진정성이다.

진정성을 바탕으로 청중에게 자신의 이야기를 제대로 설득시키는 것이다. 청중을 설득시키는 것은 생각보다 쉽지가 않다. 그러므로 청중의 마음을 움직이려면 정확한 자료와 정보 외에도 강사의 치열한 고민이 담겨있어야 하고, 그 고민을 해결하고자 하는 노력이 강의에 고스란히 담겨있어야 한다.

그렇기 때문에 강의의 기획 단계부터 표현단계까지 마치 공연을 준비하듯이 강의를 준비해야 한다. 과연 청중에게 무엇을 말할 것이며, 청중이 얻어가는 것은 무엇이며 그 얻어가는 것을 말하기 위해 나는 무슨 이야기를 어떤 구성으로 어떻게 강의를 할 것인지를 치밀하게 계산해야 한다.

강의에서의 감동은 '콘텐츠의 통찰력'과 '흥미 있는 구성' 그리고 '발표자의 전달력'에 따라 좌우될 수 있다.

기획 단계부터 스토리보드, 디자인, 발표까지 이 모든 과정이 유기적으로 매끄럽게 연결되어 청중을 설득시키는 것 그래서 청중에게 마음의 동요를 일으키는 것이 진정한 강의이다.

우리가 '와 진짜 예술이다.'라고 할 때의 예술은 리듬과 템포 그리고 타이밍, 조화가 완벽할 때 칭할 수 있다. 그런 것처럼 강연과 강의 역시 치밀하고 완벽할 때 감동을 줄 수 있는 것이다. 스티브 잡스나 김연아가 당시에 감동을 주었던 것도 바로 기획 단계부터 스토리, 디자인, 강의까지의 과정이 예술적이었기 때문이다.

그러한 계획과 과정이 있어야 청중들을 설득시킬 수 있다. 다시 말하면, 그러한 과정이 없으면 절대 청중을 동요시킬 수 없다는 것이다. 그리고 그 고민의 중심은 '청중'이어야 한다.

어떤 청중인지, 그 청중에게 무슨 이야기를 하려고 하는지, 청중의 연령대와 감성 그리고 청중의 성향은 어떠한지를 면밀히 검토하고 분석해야 한다. 기존에 만든 강의안 자료가 있다고 해도 청중에 따라 수정하는 것이 중요하다.

일방향적인 그리고 자기 과시적인 강의는 자기 위안을 위한 예술과 같다. 강연과 강의는 청중과의 소통이다. 청중이 없으면 강사도 없다. 그렇기 때문에 청중을 먼저 생각해야 하고, 강의안을 만든 후에 연습하더라도 시뮬레이션처럼 청중이 있다는 가정 하에 모노드라마처럼 연습을 해 봐야 한다.

12. 자신의 무기를 만들어라

또한, PPT에 오타는 없는지. 자료에 신빙성은 충분한지 설문조사는 명확한 근거가 있는지 역시 검토되어야 한다. 강의라는 것은 청중을 설득시키기 위함이고 그 설득을 하는 데 있어 명확한 사실과 이성적 논리 그리고 강사의 감성적 설득이 병행되어야 청중의 뇌리와 가슴에 깊은 인상을 심어줄 수가 있는 것이다.

즉, 머리는 차갑게 가슴은 뜨거워야 한다. 강의는 절대 차갑게만 구성해도 가슴으로만 발표해도 되지 않는다. 치열하게 계산해야 하고 그것을 티 내지 않게 감성적으로 얘기해야 한다. 그리고 치밀하게 계산된 PPT를 바탕으로 몇 번 아니 수십 번의 연습을 통해 완벽한 공연을 준비해야 한다.

기획 단계부터 발표단계까지 수정에 수정을 걸친 강사의 노력과 땀이 흥건히 배어 있는 강의만이 청중에게 감동을 줄 수가 있다. 그리고 그 연습 역시 치밀하고 치열할수록 완성도가 높은 명 강의를 만들어 낼 수 있다.

지금 책을 읽는다면 다시 한 번 생각해 보라.

스스로가 어떻게 강의를 구성을 하고 있는지 정확한 핵심을 가지고 얘기하는지, 발표를 할 때 표정이나 화술, 제스처가 지루하지는 않은지 그러한 부분을 유심히 생각해 봐야한다.

우리가 강의를 한다고 하면 보통은 자신만의 강의를 하는 경우가 대부분이다. 그래서 대부분 딱딱한 제목에 지루한 내용 그리고 고루한 표현까지 더불어 잠을 자게 만드는 강의를 하는 경우가 많다.

감동을 주는 강의란, 마치 우아하게 보이지만 백조가 물 밑에서 치열한 발짓을 하며 헤엄을 치는 것처럼, 겉으로는 태연하고 자연스럽게 여유를 띄지만, 그 과정은 정말 치밀하고 치열해야 청중에게 감동을 줄 수 있는 것이다.

PART 2. 강의 스토리텔링

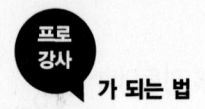

1. 도입부

강의에서 주제와 제목을 선정했다면 그다음 고민해야 하는 부분은 '어떻게 그 이야기를 끌어가는가.'이다.

강의에서 주제가 뿌리라면 스토리는 자양분을 먹고 자라나는 줄기라고 할 수 있다. 그런데 그 줄기가 잘못된 것으로 휘어져 있거나 제대로 뻗어나가지 못하면 감동이라는 열매까지 이어가지 못한다.

그렇기 때문에 스토리텔링을 통해 강의주제와 이야기를 효과적으로 전달해 청중에게 재미와 감동을 선사하는 것이 중요하다.

스토리텔링은 소위 말을 할 때의 이야기구성을 말한다. 그리고 스토리텔링을 효과적으로 만들기 위해 도입부, 본론, 마무리로 나눌 수 있다.

도입부는 말의 시작 부분이다. 강의의 주제가 '주체적인 행복'이라고 했을 때, 행복의 주체성이라는 주제를 이끌어 나갈 때, 도입부는 첫 단추에 해당할 수 있다.

도입부를 세울 때, 인용이나 속담 또는 에피소드 등의 방법을 통해 청중을 솔깃하게 만드는 것은 매우 중요하다.

1. 도입부

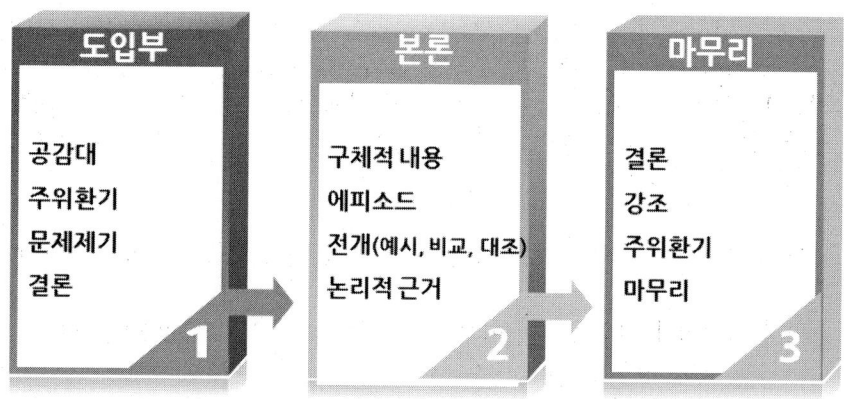

첫 시작에 있어 흥미를 끌지 못한다면, 본론 결론을 이끌어 나가는 과정이 더 힘들 수밖에 없다.

먼저 명언으로 도입부를 만드는 방법은 다음과 같다.

예컨대, 탈무드에서 "사람을 미소 짓게 만드는 사람은 마치 향수를 뿌리는 것과 같습니다." 또는 " '행복은 누군가가 만들어주는 것이 아닙니다.' 라는 말이 있습니다." 라고 도입부를 시작한다면 충분히 흥미를 유발할 수가 있다.

속담의 경우는 " '친구 따라 강남 간다.' 는 말이 있습니다. 그런 말로 인해 우리는 서로를 비교하며 주체적으로 살기보다는 누군가의 힘에 의해 이끌려 삶을 선택하는 경우가 많습니다." 등의 표현이다.

사자성어의 경우 " '우공이산' 제가 미술을 하면서 느꼈던 말입니다. 지속적으로 성실하게 계획대로 실천하다보면 우여곡절이 있겠지만 언젠가는 반드시 기회가 옵니다." 등의 표현이다.

에피소드도 마찬가지이다. "어렸을 때 저는 형에게 늘 괴롭힘을 당했습니다. 그래서 저는 형이 무척이나 싫었고 '누나가 있었으면...' 이라는 생각을 하며 어린 시절을 보냈습니다. 그렇게 싫기만 했던 형이 나중에 학교 때문에 집에서 나가서 생활을 하니 너무 홀가분하고 날아갈 것 같았습니다. 세상을 다 얻은 것 같았죠. 하지만 어느 날 학교에서 괴롭힘을 당하자 불량학생들 사이에서 저를 구제한 사람은 다름이 아닌 형이었습니다." 등의 일화를 통한 서론구성 방법이다.

이번에는 '용기'라는 주제를 가지고 스토리텔링 도입부를 만들어 보자.

먼저 명언이나 격언을 활용해서 "용기의 가장 큰 적은 망설임입니다."라고 이야기를 시작하면서 주위를 환기하는 방법이 있다.

또한 "예전에 저에게는 배우로서 큰 기회가 왔습니다. 하지만 의심이 지나치게 많은 저로서는 '돌다리도 두들겨 보고 건너라.'는 생각으로 인해 지나치게 두들기기만 해서 기회를 놓치고 말았습니다. 그래서 나폴레옹이 얘기한 것처럼 숙고할 시간을 가지되, 확신이 서면 돌진해야 하는 것이야말로 용기라는 것을 깨달았습니다." 라고 에피소드로서 시작을 열 수도 있다.

그리고 "여러분들은 하루에 몇 번이나 웃으세요?" 라고 주위를 환기시키는 방법도 있다. 그렇게 되면 청중들은 화자의 말에 관심을 갖게 되고, '저 사람이 지금 무슨 얘길 하려고 하지?' 라고 궁금함을 갖게 된다.

따라서 도입부를 어떻게 꺼내는가는 매우 중요한 부분이다.

다만 격언이나 에피소드, 속담을 반드시 고집할 필요는 없다.

때로는 무난한 도입부를 통해 본론과 마무리를 오히려 강조를 할 수도 있기 때문이다.

가령 "사람들은 왜 행복을 추구하려 할까요?"라고 주위를 환기시키는 도입부도 있고,

처음 강단에 서자마자 침묵을 한 5초 동안 보여주면서, 주위를 환기시키는 방법도 있다.

1. 도입부

어떤 것이 옳고 어떤 것이 틀린 것은 없다.

다만 적재적소에 상황에 맞는 도입부를 이끄는 것이 좋은 방법이다.

2. 본론

도입부에서 인용이나 속담, 에피소드로 흥미를 유발했다면, 본론 부분에 있어서는 본격적으로 이야기를 풀어나가야 한다.

'주체적인 행복'이라는 주제를 가지고 도입부에 인용을 사용했다면, 화자의 에피소드, 주장 또는 예시를 하고 이야기를 전개해야 한다.

가령, "주체적인 행복은 자기 자신만이 느끼는 것입니다."라는 주제를 갖고 도입부에서 "우리가 행복을 느끼는 기준은 무엇일까요?"라는 질문을 통해 도입부를 이끌었다면, "저의 20대는 불행의 연속이었습니다. 연기자로써 마음대로 일이 풀리지 않자 남 탓, 사회 탓을 하게 되고 그리고 결국은 세상과 소통을 차단하게 되었습니다."라는 자신의 에피소드를 얘기하는 방법이다.

또한, 비교나 분석의 방법도 있다. "행복과 불행은 공통점과 차이점이 있습니다. 공통점은 감정에 대한 부분이고요. 차이점은 한쪽은 긍정적인 마음에서 비롯되고 다른 한쪽은 부정적인 마음에서 생긴다는 점입니다."라는 비교와 대조의 전개방식이다.

의견제시와 주장의 방법도 있다.

2. 본론

"꿈이라는 것은 파랑새와 같습니다. 실제로 파랑새는 존재하지 않지만, 우리는 계속 꿈을 꾸고 그것을 얻으려 갈구하듯이 꿈이라는 것도 우리의 마음속에 있을 뿐입니다. 그러한 감정을 얻기 위해 현실이 고통스러워도 참고 견딜 수가 있는 것이죠."

구체적 예시나 진술은 좋은 본론의 방법 중 하나이다.

예를 들어 '편견'이라는 주제를 가지고 얘기할 때, 도입부에서 "우리는 살면서 수많은 편견에 직면해 있습니다. 국가, 이념, 사회, 개인, 성별, 직업, 연령 등 너무나 광범위합니다. 하지만 편견의 대부분은 무지에서 비롯된 것이라 생각합니다." 라고 편견의 종류나 정의에 대해 얘기를 했다면 본론은 말하고자 하는 편견에 대한 내용을 구체적으로 이끌어 가야 한다.

또한 "저는 어렸을 때 눈빛 때문에 본드를 했느냐, 약물을 복용하느냐라는 말을 들은 적이 있습니다. 왜냐하면 저는 한국 사람임에도 불구하고 눈이 노란빛을 띠었기 때문입니다. 그래서 처음에는 그것에 대해 위축이 되어서 사람들을 피하고 심지어는 대인기피증까지 겪었습니다. 사람들의 편견과 선입견은 오해에서 비롯됩니다. 저 역시 상대방에 대한 구설수나 얘기만을 듣고 오해를 하거나 편견을 갖은 적이 많습니다. 하지만 제가 편견의 희생양이 되면서 상대방의 입장이 되거나 그 사람의 말을 직접 듣지 않고는 절대 그 사람을 평가하거나 편견을 갖지 말자. 라는 생각이 많이 들었습니다." 등으로 에피소드를 통한 구체적 전개를 할 수 있다.

이때 주의할 점은, 말의 반복이 없어야 하고, 도입부에서 나온 것을 지루하게 나열식으로 얘기하지 말아야 한다는 것이다.

지루한 전개나 표현은 청중을 잠 속으로 빠져들게 하는 지름길이다.

따라서 도입부에 부합되도록 본격적인 주장이나 예시 또는 에피소드를 통해 매력적인 전개를 해나가는 것이 본론의 역할이라 할 수 있다.

본론은 스피치의 형태에 따라 달라질 수 있다. 강연, 강의, 자기소개, 프레젠테이션, 발표 등 다양한 형태의 강의가 있기 때문에 '반드시 본론을 이렇

게 구성해야 한다.'는 정답은 없다.

가령, 사실적인 근거를 바탕으로 예시나 비교, 대조 등의 방법을 쓰는 것이 논리적이다.

예를 들어, 강의를 할 때, "한국의 발전을 저해하는 요인은 바로 '소통의 부재'라고 생각합니다. 세대 간의 격차, 지역 간의 격차, 남녀 간의 생각 격차 등 우리는 수많은 '격차의 시대'를 살고 있습니다. OO리서치에 의하면 노년층과 청년층을 비교했을 때 서로의 세대를 공감할 수 있느냐의 질문에 70% 이상이 이해가 가지 않는다고 얘기했습니다. 이러한 문제는 우리나라의 발전을 퇴보시킬 수 있는 원인이 됩니다."라고 사실적인 근거를 토대로 말하는 것이다.

자기소개, 강의, 사회진행 등은 본론을 얘기하면서 딱딱하지 않게, 적절히 유머 비유를 통해 다양한 재미거리를 주는 것이 중요하다.

가령 자기소개를 할 때 "사실 전 어려서부터 긍정적인 것은 아니었습니다. 늘 친구들한테 소외되었고, 가장자리에서 혼자 놀기를 좋아했습니다. 그래서 친구를 사귀려고 시도해도 잘 되지 않아서, 결국 먹을 것으로 매수하기 시작했습니다. 역시 돈 앞에는 장사 없더군요." 등의 재미를 곁들여 흥미를 유발하는 것도 좋은 방법이다.

중요한 것은 '리듬과 템포'이다.

우리가 영화를 볼 때 처음부터 강하게 메시지를 전달하는 것이 아니라, 처음에는 부드럽게 그리고 재미있게 이야기를 풀어가다가 어느 순간 자연스럽게 관객이 영화에 빠져들게끔 전략적으로 영화를 만드는 것이 좋은 영화인 것처럼 그리고 상황에 따라 어떤 것을 얘기할지, 어떤 부분에 초점을 맞추어야 할지를 생각을 하면서 스토리텔링을 구성하는 것이 중요하다.

하지만 '과유불급'이라는 말이 있듯이, 감동도 너무 지나치면 오히려 역효과를 낳을 수도 있고, 재미도 지나치게 되면 오히려 가벼워 질 수 있다는 것을 유념하라.

3. 마무리

　서론, 본론에서 이야기를 잘 끌어갔다면, 결론 부분에서는 그것에 대한 강조와 정리를 하는 것이 중요하다.

　"가족"이라는 주제를 갖고 도입부에서는 격언을 본론에서는 에피소드로 이끌어 나갔다면, 결론은 도입부를 한 번 더 강조해 "가족은 그 무엇과도 바꿀 수 없는 선물입니다." 또는 "밥처럼 인식하지 못하지만 꼭 필요한 것이 바로 가족입니다." 아니면 "오늘 집에 가서서 가족에게 따뜻한 말 한 마디를 건네세요." 라고 강조와 부연설명을 하는 것이다.

　이때 중요한 점은 서론과 본론의 취지에 어긋나는 즉, 다른 방향의 이야기를 해서는 안 된다는 점이다. 그러면 실컷 도입부, 본론에서 얘기했던 것들이 모두 물거품이 되어 오히려 청중들을 헷갈리게 하게 된다.

　가령, '꿈의 가치'에 대해 서론과 본론에서 여러 가지 명언이나 에피소드를 통해 청중들을 집중시켰는데, 갑자기 결론에서 "우리는 과연 꿈을 꿔야 할까요?"라고 상황에 맞지 않는 반문을 하거나, "그래서 우리는 독립적인 생활을 해야 합니다." 라고 얘기하면서 앞에서 얘기했던 것과는 조금은 어이없는 이야기로 마무리 한다면, 청중들은 혼란을 겪게 될 수 있다.

　결론 부분에서 주위를 환기시키나 자신의 주장을 내세우는 것도 좋은 방법이다.

'행복'이라는 주제로 서론, 본론을 이끈 후 결론부분에서 "여러분들은 과연 행복하십니까?"라고 되묻는다면 청중들은 곰곰이 생각해 볼 수 있는 좋은 고민거리를 갖게 될 것이다. 또는 "행복이라는 것이 무엇일까요? 우리가 한 번 더 생각해 본다면 행복을 만드는 것도 불행을 느끼는 것도 어쩌면 우리 자신의 문제라고 생각합니다. 동상이몽이라는 말이 있듯이 시각에 따라서 그것을 느끼는 방향이 다르다는 것이죠. 그래서 '행복은 우리가 느끼기 나름이다.'라고 말씀드릴 수 있습니다."라는 자신의 주장을 펼치는 것이다. 또는 여러 가지 통계나 자료를 요약함으로써 자신의 생각을 일목요연하게 정리를 하는 것도 하나의 좋은 스토리텔링 결론 방법이다.

예를 들어, '청년 실업률'에 대한 도입부, 본론을 거쳐 얘기를 하면서 "통계청에 의하면 우리나라 청년 실업률이 현재에 11%에 육박하고 있습니다. 이는 심각한 사회문제를 야기할 수 있습니다. 정부, 시민단체를 비롯해 이것은 우리 모두의 문제라고 생각하며 함께 머리를 모아 해결책을 반드시 찾아야 합니다." 등의 결론방식이다.

마지막으로 사자성어나 명언으로 마무리하는 것도 또 다른 방법이다.

예를 들어, '경청'에 대한 얘기를 한참 하고나서, "말을 잘하려면 잘 들어야 합니다." 또는 "인간이 귀가 2개가 있는 것은 잘 들으라는 이야기입니다." 등의 명언이나 속담 등으로 요약하면 쏙쏙 귀에 들어올 수 있다.

또는 '운명'에 대한 얘기의 마무리로써 "운명은 준비된 자가 기회를 맞이하는 것뿐입니다.", "운명은 타고 난 것이 아니라 만들어 가는 것입니다."라고 얘기하는 것이다.

따라서 그러한 인상적이고 매력적인 전개를 하려면, 다양한 경험과 책을 통해 배경지식을 풍부하게 만드는 것이 무엇보다 중요하다.

그리고 상황에 맞게 청중들에 맞게끔 적합한 결론을 얘기하는 것도 좋은 스토리텔링의 방법이다.

4. 강의 스토리텔링

> **방법**
>
> 1. 전제-구체적 전개-결론(A-B-C)
> 2. 공감대-에피소드-결론(F-B-C)
> 3. 주위환기-논리적 전개-결론(U-B-C)
> 4. 문제제기-반증-결론(Q-B-C)
> 5. 결론-근거-강조(C-B-C)

스토리텔링은 핵심적으로 6가지로 분류할 수 있다.

일단 결론을 앞에 위치시키느냐 뒤에 놓느냐에 따라 두괄식과 미괄식으로 구성할 수 있고, 청중의 공감대를 형성할 것인지 아니면 청중을 낯설게 할 것인지에 따라 이화적, 동화적 구성으로 나눌 수 있다. 따라서 56가지 방식을 외워서 기계적으로 활용하는 것보다 청중과 강의내용에 따라서 적재적소에 맞는 방식을 사용하는 것이 중요하다.

스토리텔링의 5가지 방식을 하나하나 설명해보자.

A. 첫번째 유형 : 전제 - 구체적전개 - 마무리

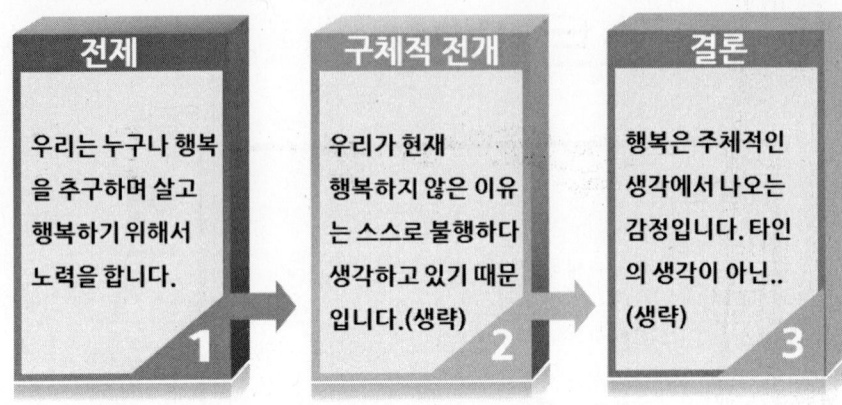

"우리는 누구나 행복을 추구하며 살고 행복하기 위해서 노력을 합니다. 행복이란 상대적인 비교에서 나오는 것이 아니라 스스로 느껴지는 감정입니다. 우리가 현재 행복하지 않은 이유는 무엇일까요? 그것은 과거와의 비교, 동료와의 비교, 관계에서의 비교에서 나오는 열등감이 있기 때문입니다. 바로 열등감이라는 것은 비교에서 나오는 상대적 박탈감과 패배감의 감정이죠."

이 유형은 어떻게 보면 가장 기본적인 스토리텔링의 형태라고 볼 수 있다. 먼저 전제 부분은 본론에 앞서 이야기를 소개하거나 본론으로 들어가기 전에 먼저 내세우는 이야기로 구성해야 한다. 이때 주의해야 할 점은 자연스럽게 본론과 마무리로 이어질 수 있는 도입부가 되어야 한다는 것이다. 이 형태에서 가장 중요한 것은 일관성이다. 그렇기 때문에 청중에게 자연스럽게 어필할 수 있는 도입부를 생각하는 것이 중요하다.

전제가 마련되었다면 다음은 본론부분이다. 이 유형에서 가장 좋은 본론의 형태는 에피소드이다. 에피소드란 자신의 경험이나 타인의 경험과 예를 통해 전개를 하는 방법인데 청중에게 어필을 하려면 자신의 경험을 사실적으로 묘사나 설명을 하는 것이 좋다.

마무리는 에피소드를 통해 느낀 것을 통해 어떤 것을 느꼈는지를 도입부와

4. 강의 스토리텔링

본론에서 얘기한 것을 자연스레 연결해야 한다.

B. 두번째 유형 : 공감대 - 에피소드 - 마무리

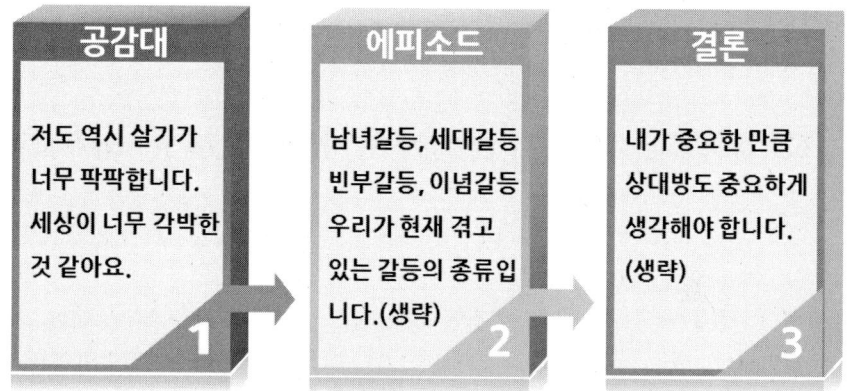

"저도 역시 살기가 너무 팍팍합니다. 세상이 너무 각박한 것 같아요. 지금 우리가 살고 있는 세상은 과학과 문명으로 인해 너무나 편리하게 생활을 할 수 있습니다. 제가 10년 전에 TV를 보다가 어떤 과학자 분께서 '앞으로 우리 시대는 '유비쿼터스'로 인해 시공간을 초월할 수 있는 세상에 살게 될 것입니다.' 라고 말한 의미를 그 당시에는 잘 이해하지 못했지만 지금은 그 의미를 모두 이해합니다. 바로 지금은 '불통의 시대' 라고 불릴 만큼 자신만 소중한 그리고 타인과의 관계를 배척하는 시대에 살고 있는 것이죠." 라고 얘기하는 것이다.

본론 부분에서는 공감대에 대한 설명이 있어야 한다. 가령, '소통의 중요성'에 대해 전달을 하고자 청중에게 소통에 대해 자신이 느낀 에피소드나 설명을 충분히 제시해야 거기에 맞게 청중이 더욱 공감을 할 수 있다. 즉, 그 이유에 대해 충분한 논리를 갖고 얘기를 해야 한다. 가령, "말을 하지 않으니까 답답하죠? 그만큼 말의 소중함을 우리는 잠시 느낀 게 아닐까요?" 라는 근거로 주위환기를 했던 이유 또는 낯설게 했던 이유에 대해 전개를 하는 것이다.

결론 부분에서는 도입부와 본론에서 얘기했던 논지의 근거를 가지고 청중에게 인상을 심어줄 만한 마무리를 하는 것이 중요하다. '소통의 중요성'

에 대한 얘기를 가지고 도입부에서 공감대를 형성하고 본론에서 그것에 대한 근거를 제시했다면 결론에서는 소통이 왜 중요한지 그리고 왜 소통이 필요한지에 대해 보다 인상적인 이야기로써 결론을 짓는 것이다.

이 방법은 친숙한 방법으로 청중에게 접근함으로써 청중의 냉랭한 분위기를 녹여서 공감대를 형성하는데 적합할 수가 있다.

C. 세번째 유형 : 낯설게하기 - 전개 - 마무리

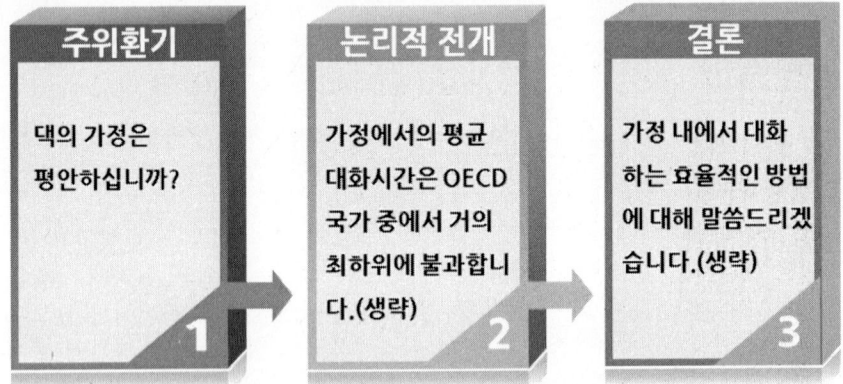

세 번째 유형은 청중에게 질문을 던지거나 궁금증을 유발함으로써 낯설게 하는 방법이다. 이미 청중은 진부하거나 틀에 박힌 스토리텔링에 싫증을 느낄 수 있기 때문에 이러한 방법은 오히려 신선하게 다가갈 수 있다.

먼저 도입부에서 궁금증을 유발하게 한다. 가령, "댁의 가정은 안녕하십니까?" 라고 말해 청중의 궁금증을 유발하게 한다. 또는 "1분간 잠시 말을 하지 마세요." 라고 한다면 청중은 '왜 그럴까?' 라고 호기심을 갖게 된다. 즉 도입부에서 이 방법은 청중의 호기심을 충분히 유발할 수 있도록 하는 것이 중요하다.

본론 부분에서는 낯설게 한 부분에 대한 근거 제시나 전개를 해야 한다. 가령, '대화의 중요성' 에 대해 전달을 하고자 청중에게 1분간 말을 하지 말라는 얘기를 했을 때는 그 이유에 대해 충분한 논리를 갖고 얘기를 해야 한다. 가령, "말을 하지 않으니까 답답하죠? 그만큼 대화의 소중함을 우리

4. 강의 스토리텔링

는 잠시 느낀 게 아닐까요?" 라는 근거로 주위환기를 했던 이유 또는 낯설게 했던 이유에 대해 전개를 하는 것이다.

결론 부분에서는 도입부와 본론에서 얘기했던 논지의 근거를 가지고 청중에게 인상을 심어줄 만한 마무리를 하는 것이 중요하다. '대화의 중요성'에 대한 얘기를 가지고 도입부에서 낯설게 하는 방법을 쓰고 본론에서 그것에 대한 근거를 제시했다면 결론에서는 말이 왜 중요한지 그리고 왜 말이 필요한지에 대해 보다 인상적인 이야기로써 결론을 짓는 것이다.

이 방법은 익숙하지 않은 방법으로 청중에게 접근함으로써 청중에게 새로움과 호기심을 불러일으키는데 적합할 수가 있다.

D. 네번째 유형 : 문제제기 – 반증 – 마무리

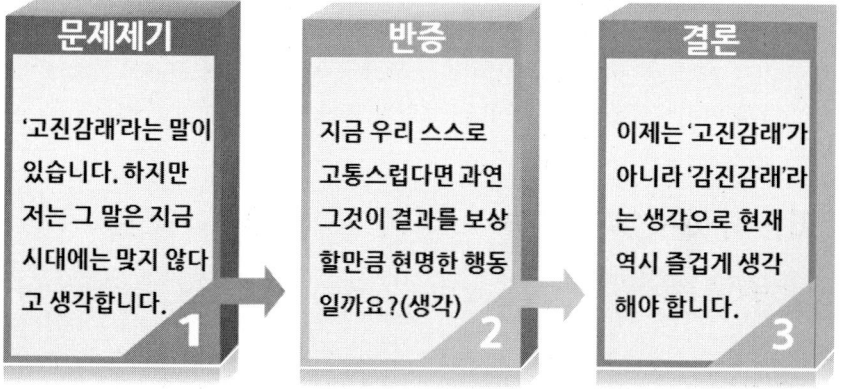

네 번째 유형은 어떻게 보면 상당히 자극적일 수가 있다. 그렇기 때문에 청중들이 솔깃해 할 수 있지만, 자칫 직설적이거나 도전적으로 받아들일 수 있기 때문에 신중하게 적용해야 한다. 또한 이 유형은 촌철살인과 같은 스토리전개가 필요하다. 즉 처음에는 청중의 호기심을 자극할만한 문제제기를 해야 하고 본론과 결론으로 갈수록 그 긴장을 완화시켜 청중을 내 편으로 만드는 방법이다.

먼저 도입부에서 문제제기를 한다. 문제제기라는 것은 기존의 어떤 사실이나 개념에 대해 말 그대로 질문이나 문제를 야기하는 방법이다. 가령,

" " 고진감래 '라는 말이 있습니다. 하지만 저는 그 말은 지금 시대에는 맞지 않다고 생각합니다." 또는 " '백지장도 맞들면 낫다.' 라는 말이 있지만 백지장을 너무 많은 사람이 들면 찢어질 수도 있습니다."라고 말하는 방식이다.

본론 부분에서는 문제제기를 한 부분에 대한 증명을 해야 한다. 가령, '고진감래라는 말은 지금 시대와 맞지 않다.' 라는 말에 문제제기를 했다면 본론에서는 '고진감래라는 말은 미래의 행복을 위해 현재의 고통을 당연시하자. 라는 말이지만 그렇기 때문에 현재가 고통스러움을 감당해야 한다는 부정적 당위성을 심어준다. 그것은 합리적이지 않은 대안이며 효율성도 떨어진다. 그런 사고방식보다는 감진감래라는 현재가 즐거워야 미래도 즐겁다. 라는 생각이 더 현명하다.' 라는 식의 증명이다.

결론 부분에서는 도입부에서 왜 문제제기를 할 수 밖에 없었는지에 대한 당위성을 얘기함으로써 청중을 자연스럽게 설득해야 한다. 이때 주의할 점은 도입부 - 본론 - 마무리로 이어지는 부분이 논리적으로 이해가 되도록 자연스럽게 이어져야 한다는 점이다. 그렇지 않으면 청중을 절대 설득할 수 없다.

E. 다섯 번째 유형 : 결론 - 본론 - 강조

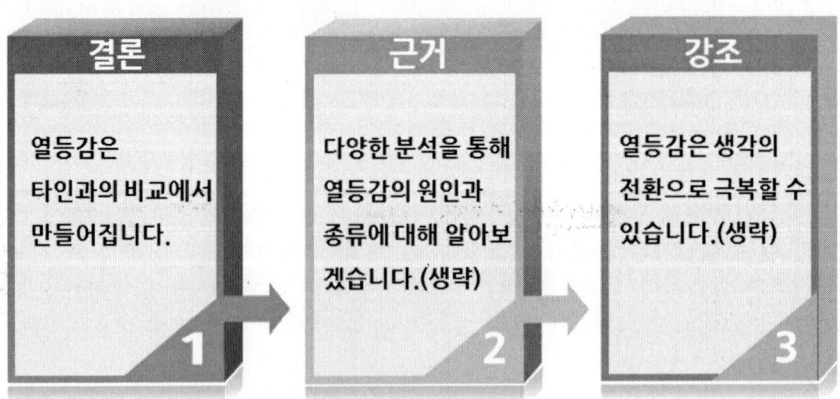

이 유형은 결론을 먼저 제시하는 유형이다.

4. 강의 스토리텔링

그래서 청중의 귀를 솔깃하게 만드는 것이다. 가령, "열등감은 타인과의 비교에서 만들어집니다. 즉, 열등하다는 생각은 우리 스스로 지각하는 것이 아니라 상대방이나 관계상의 비교 속에 만들어지는 상념이라는 것입니다." 라고 얘기하는 방식이다.

이때 중요한 것은 결론을 내세울 때 그 결론은 신빙성이 있어야 하며, 참신해야 한다. 그래야 대중의 시선을 잡을 수 있다. 또한, 본론에서는 왜 그러한 결론이 나오게 되었는지 또는 그러한 주장을 하는지를 논리적 전개에 근거해서 증명해야 한다.

결론을 증명하는 데 있어서 사실적이지 않거나 일반화, 감정, 흑백논리의 오류가 들어가게 되면 설득력이 떨어지기 때문에 이러한 전개는 특히 그러한 점을 주의해야 한다.

마무리에 있어서는 서론, 본론에서 얘기했던 것을 한 번 더 강조해서 처음 결론을 제시한 것에 대해 흐름을 끝까지 유지해야 한다.

이처럼 강의에서는 스토리텔링이 중요하고 특히 이런 다섯 가지 유형을 생각해서 얘기하는 습관을 들이는 것이 좋다.

또한, 자기소개, 프레젠테이션, 강연, 발표 등 강의의 유형에 따라 어떻게 스토리텔링을 만들어야 할지를 고민해 보는 것이 좋다.

그렇게 스토리텔링 연습을 하다보면 누구나 강의의 달인이 될 수 있다고 과감하게 말할 수 있다.

5. 다양한 스토리텔링 방법

이번에는 인상적인 스토리텔링의 유형이다.

인상적으로 스토리텔링이란 청중들에게 강렬한 느낌을 각인시키는 이야기 구성을 말한다. 보통 두 가지의 형태로 얘기할 수 있는데, 첫째는 스티브 잡스와 같은 '상징성'을 통해 호기심을 불러일으키는 것이고 둘째는 '모순'을 얘기해서 집중을 하게 만드는 것이다.

먼저, 상징성을 대표하는 인상적인 스토리텔링이다.

'면접을 잘하는 방법'을 주제로 했을 때 먼저 호기심을 불러일으키고 그것에 대해 '사람'과 '사람'이라는 키워드와 이미지로 상징을 심어주는 것이다. 그리고 그것은 면접의 방법이라는 결론을 도출하는 형태이다. 이러한 방법은 청중의 호기심을 불러일으켜서 이미지를 각인시키기에 좋은 방법이다.

따라서 이러한 방법은 호기심을 불러일으킬 수 있는 상징성 있는 이미지나 다이어그램으로 집중을 시키는

5. 다양한 스토리텔링 방법

것이 중요하다.

다음은 모순을 얘기해서 집중을 하게 만드는 방법이다.

'사업'에 대한 방법을 말하면서 '돈을 벌려면 사업을 하면 안 된다.'

라는 모순과 이율배반을 심어준다. 그리고 그것에 대한 논거를 논리적으로 설명하면서 청중들이 집중을 하게 만드는 방법이다.

이러한 인상적인 스토리텔링 방법은 청중에게 호기심이나 집중을 유발하는 방식으로 유용하게 쓰일 수 있다.

다음은 재미있는 스토리텔링의 유형이다.

A와의 연애의 공통점과 차이점, 차별점과 강점을 가지고 스토리텔링을 꾸몄을 때 청중에게 진부한 것과는 달리 재미를 주기 때문에 흥미를 유발할 수 있다.

이야기에 감동을 주려면 '진정성'이 반드시 수반되어야 한다. 강사가 주제에 대해서 얼마나 치열하게 고민을 했는지 그리고 얼마나 진심이 담겨져 있는지에 따라 청중의 마음을 움직일 수가 있다.

핵심키워드가 정

해지면 거기에 맞는 스토리텔링을 구성해야 한다. 가령, 위의 스토리텔링과 같이 'A사 상품의 특징'이라는 핵심키워드로 애인과 비교해서 공통점과 차이점을 보여주며 스토리텔링을 만든다. 그리고 거기에 맞는 예시와 에피소드로써 구체적인 이해를 돕고 청중의 참여를 이끄는 것이다.

이처럼 강사는 청중에게 통찰력을 기반으로 주제 및 핵심키워드를 끊임없이 고민하고 다듬어야 하고 그것을 바탕으로 어떻게 이야기를 전개할지 고민해야 한다. 고민에 진정성이 담겨있을수록 강의의 밀도는 더 생기기 마련이다.

결국 키워드는 '청중'이다. 청중에게 강사의 이야기를 어떻게 전달하고 어떻게 이해시킬지를 치열하게 고민하고 숙고한다면 강사의 마음의 소리가 청중에게 전달될 수 있을 것이다.

5. 다양한 스토리텔링 방법

PART 3. 강의 진행방법

1. 오프닝은 강의의 생명이다

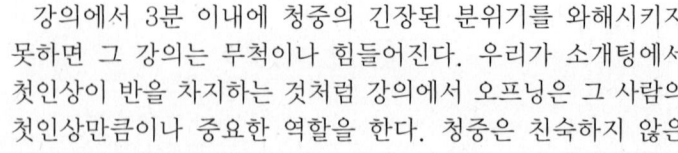

> **오프닝**
> 1. 청중과의 힘 싸움에서 평정심
> 2. 여유와 침착함을 유지
> 3. 청중의 방어벽을 무너뜨릴 수 있는 나만의 무기(동화, 이화효과)

강의에서 3분 이내에 청중의 긴장된 분위기를 와해시키지 못하면 그 강의는 무척이나 힘들어진다. 우리가 소개팅에서 첫인상이 반을 차지하는 것처럼 강의에서 오프닝은 그 사람의 첫인상만큼이나 중요한 역할을 한다. 청중은 친숙하지 않은 환경에 대해 기대감과 동시에 긴장감을 갖고 있다. 이것은 낯선 환경에 대한 인간의 기본적인 심리상태이기도 하다. 그렇기 때문에 강사가 처음에 그런 낯선 환경에 처한 청중의 방어벽을 허무는 것은 강의의 성공여부를 판가름할 만큼 중요한 역할을 한다.

다음은 다양한 오프닝의 방법이다. 먼저 유머 형이다.

A. 유머 형 오프닝

"우리는 누구나 '발표공포증'이 있습니다. 제가 아는 지인 중에 하나가 발표를 많이 해야 하는 강사이신데, 그분이 매번 발표를 할 때마다 떨려서 본인이 잘 가는 절에 가게 되었습니다. 주지스님을 만나려 하니 마침 공불 중이셔서, 법당 안에서 기다리다가 방해하지 않으려

1. 오프닝은 강의의 생명이다

고 쪽지에다가 글을 썼습니다. "스님, 무대에서 떨지 않으려면 어떻게 할까요?" 그랬더니 스님 역시 쪽지를 써서 저에게 주었습니다. 쪽지의 내용은 다음과 같았습니다. "나도 떨려."

Tip - 유머 형 오프닝은 청중의 방어벽을 침투하는데 있어서 극적인 반전의 효과를 줘서 눈이 녹듯이 방어벽을 허물게 하는 방법이다. 청중이 일단 한 번 웃으면 그다음 청중을 강사 편을 만드는 것은 식은 죽 먹기이다. 유머 형 오프닝의 경우 평소에 다양한 유머 에피소드를 통해 준비를 하고 그 준비된 유머를 강의에 맞게 다듬는 것이 중요하다. 그리고 무엇보다 자연스러워야 한다. 웃기려고 하거나 강사가 미리 웃어버리면 오히려 반응이 냉랭해질 수 있기 때문에 많은 연습을 하되 자연스럽게 청중에게 다가갈 수 있도록 편하게 말을 하는 연습을 해야 한다.

B. 인상적인 오프닝

"여러분 회 좋아하시죠? 저 역시 회를 엄청나게 좋아합니다. 여러분은 어떤 회를 좋아하시나요? 저는 특히 '숭어 회'를 좋아합니다. 숭어 특유의 식감과 감칠맛이 좋기 때문이죠. 하지만 여러분이 놓친 회가 있습니다. 그것은 바로 '후회'이죠. 그렇지만 후회하지 마십시오. 앞으로 여러분에게 다가올 회가 있으니까요. 그것은 바로 '기회'입니다. 오늘 이 자리가 여러분에게는 기회가 될 것입니다."

Tip - 인상적인 오프닝은 어떤 명언이나 청중의 뇌리에 남을 만한 인상적인 에피소드 등으로 오프닝을 여는 것이다. 위의 경우는 회를 가지고 자연스럽게 청중과 공감대를 형성하면서 언어유희를 통한 인상을 심어주고 있다.

C. 질문 형 오프닝

"오늘 오신 분들 중에서 '나는 패션 센스가 뛰어나다.' 하시는 분 계세요?" 사실 패션 센스가 뛰어나면 이곳에서 강의를 들으러 오지 않으셨겠죠. 그럼 제가 다시 질문을 드리겠습니다. "연예인 중에 이분처럼 옷을 입고 싶다. 라는 분 계세요?" 자 그렇다면 왜 그분처럼 옷을 입고 싶을까요? 그 이유는 그분들이 패션감각이 뛰어나기 때문이죠. 그럼 그들의 패션감각에

대해 알아봐야겠네요.

Tip - 질문 형 오프닝은 청중에게 호기심이나 공감을 불러일으키는데 매우 효과적이다. 위의 경우처럼 '패션' 에 대한 강의를 하는데 '패션센스' 에 대한 질문을 통해 청중의 취향과 어떤 것을 얻어가고 싶은지를 알아보고 있다. 이때 질문은 '예, 아니오.' 를 유도하는 단답형 보다는 청중이 자신의 의견을 제시할 수 있는 구체적인 질문을 하는 것이 좋다. 또한, 자칫 공격적인 질문은 청중의 반감을 살 수 있기 때문에 그러한 점도 주의해야 한다.

D. 공감 형 오프닝

"여러분 요새 정말 많이 힘드시죠? 취업도 하늘의 별 따기이고, 오죽하면 '5포 세대' 이라는

말이 나올까 싶네요. 기득권들은 자신의 권력만 유지하려 하고, 부패지수와 자살률은 OECD

국가 중 최고를 자랑하고 있는 현실 속에 살고 있는 지금의 청년층을 볼 때마다 저 역시 안

쓰러움과 미안함을 갖고 있습니다. 그래서 오늘은 청년 실업률에 대해 얘기해 보겠습니다."

Tip - 질문 형 오프닝은 청중에게 호기심이나 공감을 불러일으키는데 매우 효과적이다. 위의 경우처럼 '패션' 에 대한 강의를 하는데 '패션센스' 에 대한 질문을 통해 청중의 취향과 어떤 것을 얻어가고 싶은지를 알아보고 있다. 이때 질문은 '예, 아니오.' 를 유도하는 단답형 보다는 청중이 자신의 의견을 제시할 수 있는 구체적인 질문을 하는 것이 좋다. 또한, 자칫 공격적인 질문은 청중의 반감을 살 수 있기 때문에 그러한 점도 주의해야 한다.

1. 오프닝은 강의의 생명이다

E. 호기심을 주는 오프닝

"여러분 제가 지금부터 설명하려고 하는 것이 무엇인지 맞춰보세요. 힌트는 딱 세 가지만 드리겠습니다. 첫 번째 힌트 '개의 종류' 입니다. 혹시 아시겠어요? 자, 두 번째 힌트는 '나도 모르게 갖는 나쁜 관념." 그래도 모르신다고요? 마지막 힌트입니다. '색안경이라고도 하죠.' 네, 맞습니다. '편견' 이죠."

Tip - 호기심을 주는 오프닝은 주위환기 형 오프닝이라고 해서 청중의 흥미를 얻기 위해서 퀴즈와 같은 질문을 통해 호기심을 증폭시켜주는 것이다. 청중에게 바로 대답을 하기 보다는 위의 경우와 같이 힌트를 주면서 답을 찾아가도록 유도하는 것이 좋은 방법이다. 또는 몸짓과 같은 표현을 통해 호기심을 유발하는 것도 좋은 방법이다.

청중의 호의적이지 않은 반응에 당황하는 강사들이 많다. 하지만 어쩌면 처음에 어색한 분위기는 당연할 수도 있다. 왜냐하면 우리는 낯선 사람 앞에 서면 기대감도 들지만 경계심도 갖기 때문이다. 청중도 마찬가지이다. '저 강사가 무슨 말을 할까?' 라는 기대감과 더불어 스스로 경계하는 마음이 동시에 들기 마련이다. 그렇기 때문에 오프닝으로 청중의 마음을 녹이는 것은 두말할 나위 없이 중요한 부분이다.

자신에게 맞는 그리고 강의에 맞는 다양한 오프닝 기법을 통해 따스한 햇볕이 마음을 녹이듯이 청중의 마음을 열게 하는 방법을 찾아가는 것이 명 강의를 하기 위한 열쇠가 될 것이다.

2. 강의를 기억하게 하는 마무리

클로징

1. 강의의 깔끔한 정리
2. 유연한 질의 응답
3. 청중에게 인상을 심어주는 마무리

오프닝이 강의에서 첫인상에 해당한다면 마무리는 청중의 마음에 어떤 느낌을 주느냐를 결정하는 단계이다. 예를 들어, 음식점에서 기분 좋은 분위기 속에 음식을 먹었는데 나올 때 마지막 서비스가 별로였다면 음식점의 인상이 좋지 않듯이 아무리 강의를 잘했더라도 마지막 강사의 멘트나 마무리가 깔끔하지 못하다면 뭔가 찝찝함을 남기게 될 수 있다.

다음은 다양한 클로징 방법에 대해서 알아보자.

A. 강조 형 클로징

"오늘은 '주체적으로 살아간다는 것'에 대한 강의를 했습니다. 오늘 제가 말씀 드린 것 중에 두 가지를 기억하시면 좋을 것 같습니다. 하나는 '비교로 인해 삶이 피폐해지지 말자. 라는 것과 열등감은 스스로 만드는 것일 뿐이다.' 라는 것을 꼭 상기해 주시기 바랍니다."

Tip – 강조 형 마무리는 강의가 끝날 때 핵심의 내용과 실천적인 내용을

2. 강의를 기억하게 하는 마무리

한 번 더 집어주는 것이다. 사실 긴 시간의 강의동안 아무리 집중해도 놓치는 부분과 핵심적인 내용을 잊어버릴 수도 있기 때문에 다시 한 번 청중에게 강의의 내용을 요약해 주는 것도 필요하다. 모든 내용을 요약하면 오히려 산만해지기 때문에 반드시 핵심적인 내용만을 다양한 몸짓과 표현을 수반해서 집어줘야 한다.

B. 인상적인 클로징

" '육참골단' 이라는 고사성어가 있습니다. '상대방에게 살을 내어주고 자신은 상대방의 뼈를 취한다.' 는 이야기죠. 우리가 스스로 어떤 기회를 만들기 위해서는 반드시 상대방이 고객이든 누구든 간에 어느 정도의 양보는 생각해야 합니다. 그렇지 않으면 절대 사업이나 투자에서의 이익은 생각할 수가 없습니다. 바로 '육참골단' 이라는 사자성어가 오늘 강의의 핵심입니다."

Tip - 인상적인 마무리는 강의가 끝날 때 청중의 뇌리에 인상을 심어줄 수 있는 강의 멘트나 행동을 하는 것이다. 위의 경우에는 '육참골단' 이라는 사자성어를 통해 상대방에게 무엇을 얻어내려면 어느 정도의 희생이 필요하다. 라는 것을 말하고 있다. 그래서 청중은 이야기의 핵심을 되새길 수 있다. 또한 강사가 핵심적인 내용을 몸짓이나 표현으로 마무리하는 것도 깊은 인상을 만들 수 있다.

C. 주위환기 형 클로징

"우리는 태어날 때부터 경쟁 속에서 한없이 치열하고 한없이 열렬했습니다. 여러분께 묻고 싶습니다. 과연 '고진감래' 라는 말이 맞는 말일까요? 우리는 어쩌면 우리가 생각해 놓은 '기준' 에 맞춰 스스로를 '고통' 이라는 족쇄에 가두고 있지는 않나요? 다시 한 번 우리가 스스로 행복하기 위해 어떻게 해야 하는지를 생각해 보았으면 합니다. 감사합니다."

Tip - 주위환기 형 클로징은 청중에게 질문을 통해 다시 한 번 강의의 내용을 생각하고 상기시키는 방법이다. 그래서 청중이 강연이나 강의가 끝났을 때 무언가 생각해 볼 수 있는 이야기 거리나 사고를 할 수 있도록 촌철살인

과 같은 질문을 던지는 것이 중요하다. 위의 질문에서는 '고진감래'라는 말이 우리가 만들어 놓은 허상일 수 있다.'라는 것을 반증과 질문을 통해 제시하고 있다.

오프닝이 청중의 방어벽을 허물고 청중에게 설득할 준비를 할 단계라면 클로징은 청중에게 여운이나 인상을 남기는 단계이다. 각각의 주제와 상황에 맞는 클로징을 통해 어떤 의미를 전달할지를 고민해야 한다. 강의는 잘하고 나서 청중에게 남는 여운이나 느낌이 없다면 그것 역시 좋은 강의가 아니기 때문이다.

3. 쉬운 예시 활용

1. 구체적인 이해를 도모할 것인가
2. 에피소드로써 공감을 형성할 것인가
3. 질문으로써 유도를 할 것인가

강의를 한다는 것은 강사가 자신의 콘텐츠나 생각을 청중에게 설득하는 것이다. 만약, 어떤 사람이 길을 물었다고 생각해보자. 길을 어떻게 설명하는 것이 묻는 이에게 가장 효과적으로 전달하는 것일까? "오른쪽으로 가서 왼쪽으로 가다보면 보여요."라고 말하는 것은 자기입장에서의 설명이다. 가장 좋은 방법은 그 사람의 입장에서 생각하는 것이다. 즉, "저기 저 건물 보이세요? 네. 그 건물을 끼고 좌회전하시다 보면 OO건물이 보일 거예요. 거기서 50미터만 더 가면 목적지가 보여요."라고 얘기하는 것이다. 또 다른 좋은 방법은 "저도 그 방향으로 가고 있어요. 저를 따라오시면 되요."라고 말하는 것이다.

강의도 마찬가지이다. 자신이 강의를 하고 싶은 대로 하는 것은 청중을 무시한 이기적인 강의이다.

청중이 없는 강의는 상상할 수조차 없다. 강사는 청중이 있기 때문에 존재하는 것이다. 따라서 청중의 입장에서 이해를 도모하는 것이 그 무엇보다 중요한 부분이다.

그렇다면 청중이 쉽게 이해할 수 있는 방법은 무엇일까? 그것은 바로 구체적인 예시와 비유와 에피소드를 들면서 얘기하는 것이다. 그리고 그러한 예

시 역시 청중이 이해하기 쉽게 구체적으로 청중의 입장에서 예를 드는 것이 좋다. 간혹, 어려운 용어나 자신의 지식을 자랑하는 강사들도 있다. 하지만 청중은 결코 그러한 강사를 두고 강의를 잘한다고 생각하지 않는다. 오히려 더 반감을 살 뿐이다.

'현인처럼 생각하고 범인처럼 말하라.' 는 말이 있다. 강의를 할 때 강사는 청중보다 월등히 지식이 많아야 한다. 그래야 자신의 의견이나 생각을 피력할 수 있다. 하지만 그러한 지식을 쉽게 설명하는 것이 바로 진정한 강사의 능력인 것이다.

> 1. 구체적인 이해를 도모할 것인가
> 2. 에피소드로써 공감을 형성할 것인가
> 3. 질문으로써 유도를 할 것인가

구체적으로 이해를 도모하는 방법에 대해 얘기하는 만큼 화자 역시 그렇게 설명을 할 것이다. 다음은 예시를 드는 방법이다.

> 우리는 부지불식간에 스마트폰과 떼래야 뗄 수 없는 관계를 맺고 있습니다. 예를 들어, 아침에 일어나자 확인하는 것, 배터리가 조금 밖에 남아 있지 않으면 무언가가 불안한 것, 늘 SNS를 확인해야 직성이 풀리는 것과 같이 스마트폰은 너무나 생활과 밀착되어 있습니다.

위의 부분은 스마트폰이 얼마나 생활에 밀접해 있는지를 구체적인 예시로써 설명하는 부분이다. 구체적으로 예시를 둘 때는 가급적이면 청중이 공감할 수 있는 이야기로 설명하는 것이 좋다. 강사는 이해하는데 청중은 이해하지 못하는 예시는 오히려 모호함과 산만함을 줄 수 있으므로 그러한 부분을 고려하는 것이 좋다.

3. 쉬운 예시 활용

> 세상에는 두 가지의 삶이 있습니다. '모험을 추구하는 삶'과 '안정된 것을 추구하는 삶' 이렇게 말이죠. 어떤 삶이 올바른 것이냐를 논하기 보다는 어떤 삶이 나에게 가치가 있는가를 생각하는 것이 더 현명한 방법이겠죠. 모험과 안정은 장, 단점이 있습니다. 모험은 스릴과 열정을 주지만 위험도 크죠. 그리고 안정은 편안함을 주지만 지루할 수가 있습니다.

삶에 대한 비교를 통해 두 가지 삶에 대한 방식을 설명하고 있다. 비교의 방식 역시 구체적인 이해를 도모하는데 많은 도움이 된다. 비교나 비유를 할 때는 비슷한 조건에서 설명을 해야 한다. 예를 들어, 한국과 일본의 음식에 고유음식에 대해 설명하는데 하나는 우리나라의 김치에 대해서 그리고 하나는 양고기에 대해 설명한다면 양고기의 경우 일본의 고유음식이 아니기 때문에 조건에서 어긋나게 되고 그러한 부분으로 인해 정확한 비교를 하기가 어렵게 된다.

> 우리는 늘 과거를 후회하는 경우가 많습니다. '그때 내가 왜 그랬을까?', '이렇게 했어야 하지 않을까?'라는 생각... 하지만 그런 생각은 매우 부질없습니다. 왜냐하면 애석하게도 한 번 흘러간 시간은 절대 돌이킬 수 없기 때문이죠. 그렇기 때문에 우리에게 주어진 시간을 '어떻게 값지게 보낼까?' 라는 고민을 해야 합니다.

위의 부분은 인과적인 설명 방식이다. 우리는 부질없는 후회를 하는 경우를 얘기하고 그 이유에 대해서 구체적으로 설명하고 있다.

이처럼 구체적으로 설명을 하는 방법은 바로 구체적인 예시, 비교, 대조, 인과, 비유 등을 통해서 이야기 하는 것이다. 그리고 반드시 청중의 입장에서 청중이 쉽게 이해할 수 있는 예시와 설명을 하는 것이 중요하다는 것을 늘 상기해야 한다.

4. 생동감 있는 비유

강의에 있어서 비유는 감칠맛을 내는 음식의 양념과 같다.

그리고 청중들에게 쏙쏙 들어올 수 있는 마법과 같은 역할을 한다. 관용어를 포함해 어휘력이 풍부한 사람은 주위 사람들을 즐겁게 만든다.

가령, "산이 무척 아름답다." 라고 표현했다고 하자. 물론 저 표현도 때에 따라서 무척 담백할 수 있다.

하지만 '굽이굽이 물결치는 듯한 산, 유려한 줄기를 지닌 천혜의 자연, 분노를 분출하듯이 포효하는 폭포' 등 다양한 활용을 한다면 산의 느낌을 다양하게 표현할 수 있듯이, 비유는 청중에게 풍부한 재미와 흥미를 전달할 수 있다.

이 비유의 종류에는 국어 시간에 배웠듯이, 직유, 은유, 활유, 강조, 대구법 등 다양한 활용이 있을 수 있다.

국어를 잘하는 사람이 스피치도 잘할 수밖에 없는 원리이다. 평소에 어휘력이 없으면 비유도 맛깔스럽게 할 수가 없기 때문이다.

어휘력은 음식으로 따지면, 재료에 해당할 수 있다. 아무리 양념이 화려하다 해도 재료가 식상하면 음식 자체가 가벼워질 수밖에 없다.

4. 생동감 있는 비유

또 다른 예로 관용어를 들 수 있다.

관용어의 의미는 많은 사람들이 사용해서 자연스럽게 이해가 되는 말을 의미하는 것이다. 공감대가 형성되면서, 재밌는 표현이 많기 때문에 관용어를 잘 활용한다면, 말을 아주 재밌게 할 수 있게 된다. 가령, '파리만 날리듯이, 고양이 목에 방울걸기, 닭 쫓던 개처럼, 강 건너 불구경하듯이' 등의 수많은 관용어를 사용한 표현이 있다.

직유법은 말 그대로 직접적인 비유를 얘기한다.

가령, 인생을 비유할 때 '파도와 같은 인생, 소나기를 맞은 줄 알았는데 장마였었던 삶, 오아시스를 찾은 줄 알았는데 신기루였던 청춘'과 같은 말로 표현할 수 있는 직접적인 표현이다.

그리고 은유법은 은유적인 표현이다.

우리가 국어 시간에 배웠듯이, '내 마음은 호수요, 내 갈 길은 그대의 마음입니다.' 등의 은은한 표현할 때 쓰인다.

또한, 강조법은 어떤 것을 특별히 강조할 때 쓰는 방법이다.

이처럼 비유는 어떤 상황이나 이야기를 생동감 있게 전달할 때 매우 효과적이다. 강사가 무미건조하게 어떤 이야기를 하는 것보다 비유를 살리게 되면 유머와 청중의 흥미를 동시에 잡을 수 있다. 특히 청중은 생생한 느낌에 흥미를 느끼게 되므로 적절한 비유, 구체적인 비유는 청중의 흥미를 얻는데 많은 도움이 될 수 있다.

5. 스토리가 있는 에피소드

1. 나만의 에피소드
2. 다른 사람의 에피소드
3. 책이나 인용에서 얻은 에피소드
4. 공감할 수 있는 에피소드 활용

에피소드는 강사가 자신의 일화나 주변의 일화를 통해 구체적으로 설명하는 방식이다. 화자 역시 강의를 할 때 많이 쓰는 방식인데, 에피소드는 청중의 공감대를 형성하거나 청중의 마음을 녹이는데 그 무엇보다 효과적이다. 사람은 진심으로 얘기하는 사람에게 마음이 가고 또한 마음이 열리게 마련이다.

에피소드라는 것이 자신의 이야기나 주변의 이야기를 통해 말을 하는 것이므로 듣는 이는 자연스럽게 방어벽을 허물게 된다.

화자의 경우 개인적으로 자신의 얘기를 많이 하는 것을 좋아하지 않아서 처음에는 에피소드를 청중에게 얘기하는 것에 거부감이 있었다. 그런데 어느 순간 내 이야기를 하고 진심으로 다가가자 청중 역시 마음이 열리는 것을 체감할 수 있었다. 강의에서 가장 큰 설득의 무기는 '진심'이고 그 진심을 구체적으로 전달하는데 에피소드만큼 좋은 것이 없다. 라는 것을 강의와 강연을 하면서 깨달았다.

5. 스토리가 있는 에피소드

다음은 에피소드에 대한 여러 가지 방법이다.

A. 비유 형 에피소드

"헤밍웨이의 '노인과 바다'에서 노인이 아이에게 이렇게 얘기를 합니다. "나는 낚싯줄을 정확히 드리울 수 있어. 다만 운이 없을 뿐이야. 그렇지만 누가 아나? 행운의 날이 바로 오늘 일지. 매일 매일이 새로운 날인데 말이야. 어느 순간 갑자기 행운이 다가올 때를 대비해서 만반의 준비를 해두어야 그걸 놓치지 않을 테니까."

"사자성어 중에 '과유불급'이라는 말이 있습니다. '지나친 것은 부족한 것보다 못하다'라는 의미입니다. 제가 예전에 돈을 많이 벌기 위해서 주식과 부동산에 투자한 적이 있습니다. 하지만 욕심이 지나친 나머지 평정심을 잃고 결국 많은 손실을 보게 되었습니다. 그 경험을 통해 '과유불급'이라는 말이 얼마나 현명한 말인지를 비싼 수업료를 내며 배웠습니다."

Tip - 비유 형 에피소드에서의 핵심은 상황과 적합한 그래서 청중이 공감할 수 있는 비유를 해야 한다는 점이다. 간혹 어떤 강사의 경우 시도 때도 없이 비유를 들거나 상황에 맞지 않은 비유를 하는 경우가 있다. 그렇게 되면 오히려 안하느니만큼 못한 결과를 얻게 된다. 밑에 '과유불급'은 지나친 투자가 해를 부른다는 얘기를 하기 위해서 든 사자성어 비유이다. 지나친 욕심이 또 다른 욕심을 부르고 그것은 결과적으로 화를 초래했다는 의미에서 적합한 비유라고 할 수 있다.

B. 경험 형 에피소드

"제가 어렸을 때 저희 집이 무척 가난했습니다. 그래서 저는 보다 일찍 아르바이트를 하면서 스스로 자립하는 법을 배웠습니다. 세상이 호락호락 하지 않다는 것, 세상은 준비된 사람에게 기회를 준다는 것을 깨달았습니다. 그것이 지금의 저를 있게 하는 원동력이 되었습니다."

Tip - 경험 형 에피소드는 자신의 경험을 토대로 청중에게 이야기를 전달하는 것이다. 자신의 경험에서 비롯된 에피소드이기 때문에 청중이 상당히

공감을 할 수 있고, 감정을 공유하는데 많은 도움이 된다. 다만, 그러한 경험이 강의의 주제와 결부되어야 하는데 그렇지 않을 경우 오히려 산만해질 수 있다는 부분을 유념해야 한다.

C. 반성 형 에피소드

"저는 한 때 한 달에 7천만 원 정도의 수입을 얻는 사업가였습니다. 버는 만큼 좋은 차도 사고 씀씀이도 커지고 사람을 쉽게 생각하는 오만한 삶을 살아가게 되었습니다. 그러나 경제 불황으로 사업이 실패하자 사람들도 떠났습니다. 그러면서 자연스럽게 사람을 구별하는 법을 배웠습니다. 그리고 그때의 경솔한 행동으로 인해 보다 사람을 보는 혜안을 키운 것 같습니다."

Tip - 반성 형 에피소드는 자신의 경험을 타산지석 삼아서 청중에게 이야기를 전달할 때 효과적이다. 위의 경우처럼 오만이 사업실패에 영향을 주었고 그러한 경험을 통해 사람을 보는 눈을 키웠다는 이야기를 전달함으로써 청중이 강사의 이야기에 교훈을 삼을 수 있다. 하지만 지나친 반성을 통한 비관적인 느낌은 오히려 적막감을 줄 수 있기 때문에 가급적이면 그 반성이 현재 어떤 도움이 됐는지를 얘기하는 즉, 긍정적인 느낌을 심어주는 것이 좋다.

D. 반전 형 에피소드

"제가 한창 사람으로 인해 우울증을 겪고 있을 때 그 마음의 병을 치유하러 친한 친구를 찾아 갔습니다. 그 친구는 너무나 현명하고 지혜로워서 제 고민을 해결해 줄 것 같았습니다.

친구는 저를 보더니 무척이나 반가운 얼굴로 이렇게 말했습니다. "내 고민 좀 들어줘."

Tip - 반전 형 에피소드는 기 - 승 - 전으로 이야기를 이끌어가다가 갑자기 반대되는 상황으로 이끌어 유머나 강렬한 느낌을 심어줄 때 쓰는 방법이다. 위의 경우처럼 우울증을 치료하기 위해 친구를 만났는데 오히려 친구가 자신의 고민을 얘기하는 이야기를 들려줌으로써 흥미와 재미를 심어주고 있

5. 스토리가 있는 에피소드

다. 하지만 반전을 억지로 심어주거나 애매한 반전일 경우 오히려 청중의 흥미를 잃게 할 수 있기 때문에 그러한 점은 주의하는 것이 좋다.

이처럼 에피소드는 청중의 공감을 살 수 있는 가장 좋은 무기이다. 주변의 에피소드와 함께 자신의 에피소드를 각각의 스토리와 청중에 맞게 진정성 있게 때로는 재미있게 얘기하는 것이야말로 청중의 방어벽을 자연스럽게 허물고 자신의 강의에 동참할 수 있는 효과적인 방법이 될 수 있다.

6. 청중을 빠져들게 하는 유머

강의에서 빠져서는 안 되는 부분이 바로 '유머'이다. 생각해보라. 어떤 낯선 사람을 만났을 때 우리가 그 어색한 분위기를 깰 수 있는 방법을 찾아보면 유머만큼 효율적인 것이 없다는 것을 알게 된다.

일단 상대방이 한 번 웃기 시작하면 냉랭하고 낯선 분위기가 눈 녹듯이 사라진다. 그리고 그 사람과 한발 더 가까워진 느낌이 든다.

강의도 마찬가지이다. 강사의 말에 청중이 웃기 시작하면 그다음부터의 스토리를 전달하거나 설득은 무척이나 쉬워진다. 즉, 방어벽이 허물어지기 때문에 강사가 강의 내용을 수월하게 전달할 수 있게 된다.

강사가 구사할 수 있는 유머에는 '준비된 유머'와 '즉흥적 유머'가 있다.

먼저, 준비된 유머는 강사가 미리 준비한 유머를 상황과 청중에 맞게 적재적소에 얘기하는 것이다. 예를 들어, '술'에 대한 강의를 할 때 이렇게 말하는 것이다. "오늘 주제가 술인데 제 주량은 소주 1병입니다. 소주 1병을 넘어가면 제가 술을 먹는 것이 아니라, 술이 저를 먹기 시작합니다. 소주 2병을 먹으면 부모형제를 못 알아봅니다. (아버지를 보며 상황을 재연하며) "엄마? 요새 왜 이렇게 수염이 많이 나? 엄마. 요새 많이 힘들구나." 라고 얘기했다가 개 맞듯이 맞은 적도 있습니다."

6. 청중을 빠져들게 하는 유머

또 다른 준비된 유머는 다음과 같습니다. "오늘은 '노후준비'에 대한 얘기를 하겠습니다. 사실 저희 부모님께서는 젊은 시절부터 노후준비를 차근차근 해서 이제는 걱정 없이 노후를 누리고 있습니다. 너무 걱정이 없어서 아침을 먹고 나면 아버지가 이렇게 얘기하십니다. "여보. 오늘 점심은 뭐 먹지?" 그럼 그걸 가지고 오전 내내 고민합니다. 그리고 점심을 겨우 생각해서 해결하면 또 어머니가 이런 말을 하십니다. "오늘 저녁은 뭐 먹죠?" 이게 바로 두 분의 고민이십니다."

준비된 유머는 상황에 맞게 얘기하는 것이기 때문에 철저히 준비를 하면 성공할 확률이 높아진다. 다만, 어디서 본 유머와 같은 진부한 형식은 오히려 분위기를 반전시키지 못해 강사가 위축될 수 있습니다. 그렇기 때문에 반드시 적재적소에 맞는 준비된 유머 그리고 청중의 성향과 대상에 맞게 수정을 해야 성공할 확률이 높아집니다.

다음은 즉흥적 유머입니다. 즉흥적 유머는 강의를 하다가 어느 순간에 맞춰서 대응하는 유머를 얘기하는 것입니다.

가령, 대학생 청중에게 질문을 했는데 어떤 대학생이 질문을 못하고 있을 때 "우리 오늘 면접 보는 거 아니에요. 저 면접관 아니니 점수 깎일 일 없으니 편하게 얘기하세요."라고 애드리브를 구사하는 것이다.

또는, '소통'을 주제로 하는 강연에서 청중에게 "요새 남편과 어떤 부분 때문에 대화가 잘 안 되세요?"라고 질문을 하니, 청중이 "그냥 이것저것 다 싫어요."라고 하자 강사가 순간적인 애드리브로 이렇게 얘기합니다. "맞아요. 이해해요. 상대방이 숨 쉬는 것도 싫죠."라고 반응을 하는 것이다.

이러한 즉흥적 유머는 강의의 분위기를 전환하는 효과가 있다. 그리고 매우 자연스럽게 청중의 방어벽을 허물 수 있는 좋은 무기이다. 하지만 강사의 기분이나 그날의 청중의 분위기에 따라 기복이 있을 수 있다는 단점이 있다.

유머를 만드는 방법은 격차, 연상, 언어유희, 과

장 등이 있다.

격차는 다양한 부분에서 예를 들 수 있다.

가령, "당신은 뇌가 참 순수해."라는 말에 있어, '순수함'과 '뇌'는 어울리지 않는 표현이다. 이 두 가지의 부조화가 맞물려서 묘한 뉘앙스를 풍겨 유머를 만드는 것이다. 다양한 예로 "남을 배려하는 성적", "억울한 눈썹" 등의 표현이 있다.

또한 속담, 인용 중의적인 표현에 대한 격차도 있다.

예컨대 어떤 일을 같이 하려고 할 때 "백지장도 맞들면 낫네요."라고 한다면 "아니에요. 백지장은 맞들면 찢어져요." 라고 얘기하는 것이다. 물론 때와 장소를 가려가며 얘기해야 할 것이다.

연상도 마찬가지다.

개그맨을 흉내 낼 때 또는 유명정치인을 흉내 낼 때 그것이 재미가 있는 이유는 그 연예인의 말투가 연상이 되면서 격차를 느끼기 때문이다. 이때 너무 똑같이 흉내를 내면 재미와 감탄을 동시에 일으키게 된다.

과장 또한 유머의 대표적인 방법이다.

어떤 점잖은 사람이 독특한 억양이 있을 때, 그것을 더 심한 억양을 써서 표현했을 때 재미를 더 유발하는 이유는 격차가 더 크기 때문이다.

유머는 말 그대로 청중에게 재밌게 표현해서 분위기를 즐겁게 만드는 것이다. 바꿔 말하면, 분위기를 즐겁게 하지 못하는 유머는 좋은 유머가 아니라는 것이다. 즉, 공격적인 유머, 상처가 되는 유머, 지루한 유머 등이 지양해야 할 유머에 포함된다.

6. 청중을 빠져들게 하는 유머

그래서 적재적소의 유머가 중요한 것이다.

그리고 한 번 재미를 줬다고 해서, 더 욕심을 낸다면 오히려 과유불급이라고 안 한 것만 못한 상황이 될 수도 있다. 그런 경우는 주위를 돌아보면 많은 곳에서 예를 찾을 수가 있다.

강의를 할 때 유머는 필요에 따라 청량음료가 될 수도 있고, 독이 될 수도 있다는 것을 명심해야 한다.

7. 청중을 유도하는 질문의 기술

1. 오픈형 답변을 유도하라.
2. 프레임기법으로 유도하라.
3. 소크라테스의 산파술을 활용하라.
4. 구체적이고 공감이 가는 질문을 하라.

질문의 힘은 실로 대단하다. 질문만큼 청중의 반응과 호기심을 불러일으키는 것도 드물다. 필자 역시 강의와 강연에서 질문을 통해 청중과 호흡과 소통을 많이 하는 편이다. 하지만 질문을 잘못 사용하면 오히려 청중에게 반감을 사거나 불편함을 초래할 수 있는 역효과를 낼 수도 있다.

그렇기 때문에 내용과 상황에 맞는 효율적인 질문의 기술이 필요하다.

다음과 같은 질문을 보자.

A. 폐쇄형 질문

강사 : 회원님은 빨간 색 좋아하세요?

청중 : 아니요.

강사 : 그럼 파란 색을 좋아하시나요?

청중 : 네.

7. 청중을 유도하는 질문의 기술

강사 : 그렇군요. 파란 색은 열정과 신비를 나타내는 색입니다.

B. 오픈 형 질문

강사 : 회원님은 어떤 색을 좋아하시나요?

청중 : 저는 파란 색을 좋아해요.

강사 : 파란 색은 열정과 신비를 나타내는 색인데,

어떻게 생각하세요?

청중 : 제 경우는 파란 색을 좋아하는 이유가 시원해 보여서죠.

강사 : 충분히 그럴 수가 있죠. 왜냐하면 색감은 개인마다 성향과

경험이 반영되기 때문입니다.

Tip - 폐쇄 형 질문은 청중이 '예, 아니오.' 등 두 가지 답변 중에 하나를 택해야 하거나 단답형으로 대답을 하게끔 유도하는 질문이다. 그러한 질문의 경우 청중의 생각을 얘기하는 것보다는 강사의 일방적인 강의를 촉진하는 부작용이 생길 수 있다. 오픈 형 질문의 경우 청중의 생각을 묻고 그것에 대해 강사가 공감을 하거나 의견을 얘기하는 상호적인 질문의 형태라고 할 수 있다. 그렇기 때문에 강사가 청중의 생각에 귀를 기울일 수 있고 의견이나 정답을 함께 찾아갈 수 있는 소통 형 질문의 형태라고 할 수 있다. 하지만 너무 포괄적인 질문이나 신상질문 그리고 공격적인 질문을 할 경우 청중에게 오히려 부담이 될 수 있기 때문에 주의해야 한다.

C. 프레임기법의 질문

강사 : 회원님은 혹시 싫어하는 음식이 있나요?

청중 : 네. 저는 채소를 별로 좋아하지 않아요.

강사 : 특별히 채소를 좋아하지 않는 이유가 있나요? 어릴 때의 경험이라든가 말이죠.

청중 : 어렸을 때 엄마가 강제로 채소를 먹인 적이 있어요. 그때 이후로 좀 싫어했던 것 같아요.

강사 : 네 맞아요. 사람마다 어떤 것을 좋아하지 않을 때는 단순히 그것을 싫어하는 것이 아니라, 경험치가 반영된 결과라 볼 수 있습니다.

Tip - 프레임기법이란 어느 정도의 틀에 맞춰서 질문을 하는 형태이다. 프레임기법의 경우 강사가 어느 정도 방향성을 생각하고 청중의 대답을 그쪽으로 유도하는 방식이다. 오픈 형 질문은 서로 소통할 수 있는 장점이 있지만 자칫 막연한 방향이나 의도되지 않은 방향으로 갈 수도 있다. 예를 들어, 청중이 잘 대답하거나 조리 있게 답을 할 때는 아주 좋은 형식이지만, 청중이 소극적이거나 강사의 질문에 모호한 답변을 할 때는 강사가 어느 정도의 방향성을 가지고 답변을 유도해야 할 때도 있다. 그럴 때 프레임기법이 아주 좋은 역할을 할 수 있다. 다만, 너무 답변을 짜 맞추려고 하거나 청중에게 지나치게 유도할 경우 오히려 압박감을 줄 수도 있기 때문에 그러한 점을 주의해야 한다.

D. 산파술을 활용한 질문

강사 : 지금 회원님은 행복하다고 생각하시나요?

청중 : 아니요.

강사 : 왜 행복하지 않다고 느끼나요?

청중 : 그냥 지금 하는 일이 맘에 들지 않아서요.

강사 : 그렇다면 왜 맘에 들지 않으면서까지 지금 하는 일을 하시는 걸까요?

7. 청중을 유도하는 질문의 기술

청중 : 돈 때문이죠.

강사 : 하지만 조금 전에 돈에 노예가 되고 싶지 않다고 말씀하시지 않았나요?

청중 : 네. 그러네요.

Tip - 산파술은 소크라테스가 제자들의 어리석음을 깨우칠 때 마치 임신부가 아이를 낳을 때 옆에서 산파가 돕는다고 하여 명해진 이름이다. 마찬가지로 강사가 청중에게 어떤 것을 깨우치게 만들 때 반어적인 질문을 통해 답을 느끼게 도와주는 질문의 형태이다. 위의 경우처럼 '왜 행복하지 않은가'에 대해서 반어적으로 그리고 우회적으로 질문을 통해 대답을 찾아가고 있다. 이러한 질문의 형태는 커다란 깨우침을 줄 때 매우 유용하다. 다만, 청중을 압박하는 느낌이나 공격하는 느낌도 들 수 있기 때문에 그러한 느낌이 들지 않도록 조심스럽게 활용해야 한다.

이처럼 질문은 청중의 공감이나 참여를 이끌어내는데 매우 효과적이다. 다양한 주제와 다양한 청중이 있는 만큼 거기에 맞는 형태의 질문의 방법을 활용하는 것이 좋다. 특히, 폐쇄 형 질문의 형태나 압박을 주는 질문은 오히려 청중의 반감을 살 수 있기 때문에 자연스럽게 참여를 유도하는 오픈 형 질문을 기본으로 프레임기법과 산파술을 적절히 활용하는 것이 바로 강사의 능력이라 할 수 있다.

8. 매력적인 화술

발표자
1. 명확한 내용 전달력(음성, 발음)
2. 생동감 있는 화술(음의 강약, 고저, 강조)
3. 시선처리와 제스처(시선, 정적, 동적 움직임)
4. 리듬감 있는 강의(청중을 긴장과 이완시킴)
5. 비언어적 설득과 논리적 설득

 강사가 아무리 좋은 콘텐츠를 가지고 강의를 한다고 하더라도 감성적 설득을 하지 못한다면 그 강의는 결코 성공할 수 없다.

 감성적 설득이란 강사의 눈빛, 시선, 화법, 목소리, 제스처 등을 가지고 청중의 마음을 사로잡는 것을 말한다. 강사의 콘텐츠와 강의의 스토리가 아무리 좋아도 청중의 마음을 움직이지 못한다면 그간의 노력은 모두 수포로 돌아간다. 그만큼 비언어적인 설득의 중요성을 역설하는 의미이다.

 청중이 강사의 강의를 듣고 이해를 하는 것은 논리와 설명을 잘해서이지만, 청중이 감명을 받는 것은 강사의 감성적 설득이 좋아서이다. 명강사 일수록 그러한 감성적 설득 즉, 비언어적 설득이 뛰어나다.

 감성적 설득 중 대표적인 것이 바로 화법이다. 화법에는 음의 고저, 강약, 빠르기가 있다. 강사가 어떠한 설명이나 스토리를 얘기할 때 똑같은 톤으로 늘 같은 리듬으로 얘기한다면 청중은 강사의 말에 귀를 기울이지 않는다. 아무리 스토리가 좋다고 하더라도 감정 설득이 부족하기 때문이다.

8. 매력적인 화술

1. 음의 고저와 빠르기는 생동감과 재미를 더함
2. 음의 강약과 강조는 신뢰감과 감동을 전함
3. 말하는 환경에 따라 적재적소의 화법

음의 고저와 빠르기가 생동감과 재미를 더한다면 음의 강약과 강조는 신뢰감과 감동을 줄 수 있다. 특히, 사회진행이나 쇼 호스트 진행일 경우에는 높낮이와 빠르기를 가지고 설명해야 스토리에 생동감을 부여할 수 있다. 연예인으로 말하자면 유해진 씨나 조정석 씨의 경우가 대표적인 경우이다.

그들의 화술을 보면 말을 할 때 높낮이와 빠르기가 다채로워서 보는 사람들이 재미와 흥미를 느끼기에 충분하다. 말의 강함과 약함과 강조는 강의와 프레젠테이션과 같은 발표를 할 때 매우 적합하게 활용할 수 있다. 어떤 말을 강조할 때 그냥 한 가지 톤으로 얘기하는 것보다 강함과 약함을 가지고 말을 하면 청중에게 훨씬 전달력을 높일 수 있다.

안녕하세요. 오늘 제가 여러분들을 직접 뵈니

예전에 회사에서 일을 했을 때가 생각나네요.

그때 저를 괴롭히던 상사 분이 계셨는데

하루하루가 지옥과 같아서 그분만 생각하면 경기가

일어날 정도였어요. 그런데 지금은 그분이 생각이 많이 나네요.

위에 있는 문장을 가지고 화법 연습을 해보자. 먼저 음의 고저 즉, 높낮이를 가지고 연습해보자. '안녕하세요. 오늘 제가 여러분들을'까지 낮은 음으로 '직접 뵈니 예전에 회사에서 일을 했을 때가'를 조금 높은 음으로 '생각나네요.'를 낮은 음으로 읽어보자. '그때 저를 괴롭히던 상사 분이'를 조금 높은 음으로 '계셨는데 하루하루가 지옥과 같아서 그분만 생각하면'을 높은 음으로 '경기가'를 낮은 음으로 '일어날 정도였어요.'

를 조금 높은 음으로 '그런데 지금은 그분이 생각이 많이 나네요.'를 높은 음으로 말해보자.

안녕하세요. 오늘 제가 여러분들을 직접 뵈니
예전에 회사에서 일을 했을 때가 생각나네요.
그때 저를 괴롭히던 상사 분이 계셨는데
하루하루가 지옥과 같아서 그분만 생각하면 경기가
일어날 정도였어요. 그런데 지금은 그분이 생각이 많이 나네요.

말의 빠르기는 높낮이와 매우 연관이 있으므로 음이 올라갈 때 같이 말도 빠르게 하고, 음이 내려갈 때 말도 같이 느리게 연습해보자. 말의 높낮이와 빠르기는 말의 생동감을 더해주기 때문에 사회를 보거나 아니면 즐거운 모임에서 분위기를 띄울 때 많은 도움이 될 수 있다.

다음은 말의 강약이다. 즉, 강함과 약함을 가지고 얘기해보자. '안녕하세요.'를 강하게 읽고 나머지 부분을 조금 약하게 읽는다. '저를 괴롭히던 상사 분이'를 강하게 읽고 '계셨는데 하루하루가'를 약하게 '지옥과 같아서'를 아주 강하게 읽는다. 그리고 다시 약하게 읽다가 '그런데 지금은'을 조금 강하게 읽는다.

안녕하세요. 오늘 제가 여러분들을 직접 뵈니
예전에 회사에서 일을 했을 때가 생각나네요.
그때 저를 괴롭히던 상사 분이 계셨는데
하루하루가 지옥과 같아서 그분만 생각하면 경기가
일어날 정도였어요. 그런데 지금은 그분이 생각이 많이 나네요.

말의 강약과 강조는 청중의 집중을 이끌어 내는데 많은 도움이 된다. 강하게 얘기할 때와 약하게 얘기할 때를 오히려 반대로 하는 것은 더욱 세련미를 더할 수 있다. 예를 들어, '하루하루가 지옥과 같아서'를 강하게 하지 않

8. 매력적인 화술

고 오히려 약하게 말하되 감정을 실으면 강하게 말하는 것보다 더 강한 의미를 전달할 수도 있다.

마지막으로 강조에 대한 부분이다. 강약을 가지고 강조를 만들 수도 있지만 쉼을 통해 강조를 만드는 것이 더욱 강렬함을 줄 수가 있다. '예전에 회사에서 일을 했을 때가'를 강하게 애기하고 잠깐 쉰 다음에 '생각나네요.'를 얘기한다. 그러면 '생각나네요.'가 강조가 된다. '하루하루가 지옥과 같아서 그분만 생각하면'을 더욱 강하게 얘기한다. 그리고 '경기가 일어날 정도였어요.'를 쉼을 두고 얘기한다. 그러면 '경기가 일어날 정도였어요.'가 더욱 강조가 되는 것이다. 강할수록 더 많이 쉬어야 더욱 자연스러워질 수가 있음을 유의해야 한다.

안녕하세요. 오늘 제가 여러분들을 직접 뵈니

예전에 회사에서 일을 했을 때가 생각나네요.

그때 저를 괴롭히던 상사 분이 계셨는데

하루하루가 지옥과 같아서 그분만 생각하면 경기가

일어날 정도였어요. 그런데 지금은 그분이 생각이 많이 나네요.

여기서 말의 고저와 빠르기와 강약에서의 핵심은 바로 '감정전달'이다. 기계적으로 말의 높낮이와 빠름 그리고 강약과 강조를 하는 것이 아니라 그러한 화술을 통해 감정을 잘 전달하는 것이 화법의 중요한 목적이다. 그렇기 때문에 말의 높낮이를 그냥 기계적으로 하는 것이 아니라 말이 높아지거나 강해지거나 빨라지면 감정도 격양되고 말이 낮아지거나 약해지거나 느려지면 감정도 약해져야 한다. 그래야 강사의 감정 전달이 자연스러우면서도 생생하게 청중에게 전달이 된다.

9. 마음을 사로잡는 제스처

　화법이 비언어를 통한 감성전달에 중요한 역할을 한다면 제스처는 비언어의 완결판이라 할 수 있다.

　강사가 청중에게 자신의 감정을 시선과 화법을 통해 제대로 전달할 때 마음을 움직일 수 있듯이 제스처도 마찬가지이다. 제스처는 형태에 따라 '직선'과 '곡선' 움직임의 템포에 따라 '정적'과 '동적'인 움직임으로 나눌 수 있다.

　'직선'의 움직임은 주로 분노, 강렬한 기쁨, 강조 등 강한 감정과 연관되어 있고, '곡선'의 움직임은 주로 편안한 느낌, 완곡한 표현 등 부드러운 감정과 연관되어 있다. 따라서 강사가 자신의 메시지나 감정을 전달할 때 직선과 곡선을 잘 활용해서 설명하거나 강조하면 청중의 마음을 움직이는데 많은 도움이 될 수 있다.

　또한 직선의 움직임과 동적인 느낌, 곡선의 움직임과 정적인 느낌은 서로 관련이 돼 있으므로 함께 어울려서 활용해야 시너지 효과를 발휘할 수 있다.

　다음의 메시지를 제스처를 활용해서 말해보자. '안녕하세요. 오늘 제가 여러분들을 직접 뵈니'는 기쁜 감정이므로 인사와 더불어 격한 제스처로 표현하는 것이 더 자연스럽다. '예전에 회사에서 일을 했을 때가 생각나네요.'는 회상하는 느낌이므로 부드러운 제스처로 천천히 표현하는 것이 좋다. '그때 저를 괴롭히던 상사 분이 계셨는데'는 약간 짜증이 나는 감정이

9. 마음을 사로잡는 제스처

므로 거기에 맞는 빠른 움직임이 적합할 수 있다. '하루하루가 지옥과 같아서'도 마찬가지로 강한 감정이므로 제스처 역시 강하게 해 주는 것이 자연스럽다.

안녕하세요. 오늘 제가 여러분들을 직접 뵈니 (인사하며)

예전에 회사에서 일을 했을 때가 생각나네요. (한 손을 올리며)

그때 저를 괴롭히던 상사 분이 계셨는데 (두 손으로 지시하며)

하루하루가 지옥과 같아서 그분만 생각하면 경기가 (머리를 가리키며)

일어날 정도였어요. 그런데 지금은 그분이 생각이 많이 나네요. (부드럽게 강조)

마찬가지로 이번에는 '열등감'에 대한 내용을 가지고 제스처 표현을 해 보자. '열등감을 갖는 이유는 타인과의 비교 때문입니다.'라는 부분은 부드럽게 강조를 하는 것이 좋다. 그렇기 때문에 강한 느낌의 직선의 제스처보다는 곡선의 부드러운 표현이 더 좋다. '주체적으로 살지 않고, 남을 의식하고 남과 경쟁하며'라는 부분은 짚어주는 부분이기 때문에 직선의 제스처로 얘기하는 것이 더 전달력을 높일 수 있다. '주체적으로 생각하고 자존감을 세우는 것이야 말로'라는 부분은 가장 강조되는 부분이므로 진실한 눈빛과 더불어 앞을 향하는 제스처로 강한 느낌으로 표현하면 더욱 강조가 될 수 있다.

우리가 열등감을 갖는 이유는 바로 타인과의 비교 때문입니다. (두 손을 벌리며)

주체적으로 살지 않고, 남을 의식하고 남과 경쟁하며 (직선으로 가리키며)

남들보다 나은 삶을 살려고 노력하기 때문에 열등감이 (한 손을 위로 올리며)

생기는 것이죠. 하지만 이러한 부분으로 인해 우리는 (강조하며)

우울감과 불행을 느끼게 되는 것입니다. 주체적으로 생각하고 (주먹을 쥐고)

자존감을 세우는 것이야말로 우울감과 열등감에 빠지지 않는 (하나씩 가리키며)

지름길이라 할 수 있습니다.

이처럼 제스처는 강사가 청중에게 감성적 설득을 하기 위한 매우 중요한 비언어이다. 하지만 과한 제스처나 자신감이나 섬세함이 떨어지는 제스처는 오히려 역효과를 불러일으킬 수도 있기 때문에 그러한 점은 주의해야 한다. 시선, 화법과 더불어 감정표현을 잘 전달할 수 있는 부분이 제스처이니만큼 강사가 자신의 표현과 전달력을 높이기 위해 제스처를 갈고 닦는 것이 무엇보다 중요하다고 할 수 있다.

10. 생생한 감정표현

강의에 있어 감정은 생동감을 넣어주는 중요한 요소이다. 또한, 감정과 같은 비언어는 상대방의 감성을 자극할 수가 있다. 우리가 누군가를 만났을 때 그 사람이 하는 말을 기억하는 것보다 말을 할 때의 그 사람의 행동과 표정이 더 인상에 남는다. 그만큼 비언어적인 표현이 언어적 표현보다 더 생생하게 전달될 수가 있다. 그렇기 때문에 그 사람의 논리력이 아무리 좋아도 비언어적인 표현이 약하면 절대로 청중을 설득할 수가 없다.

비언어적인 표현의 핵심은 바로 '감정표현'이다. 말을 할 때 표정과 감정을 그 대화에 맞게 풍부하게 표현한다면 강의의 생생한 전달력을 높일 수 있다.

가령 "사람과 동물의 가장 큰 차이점은 무엇일까요?" 라는 말을 한다고 생각했을 때, 이 말을 어떻게 표현하면 좀 더 생동감이 있을까?

먼저 어디를 강조할지를 생각해야 한다.

'사람'을 강조할지, '동물'을 강조할지, 또는 '무엇일까요'를 강조할지에 따라 느낌은 다르게 표현이 된다.

이러한 화술적인 방법 외에 감정표현 역시 말에 생동감을 넣어 줄 수 있는 좋은 요소다.

10. 생생한 감정표현

흥분하며 말을 할 것인지, 차분히 말을 할 것인지에 따라 그 느낌은 현저히 다를 수 있다.

가령 격양되게 강조한다면 분위기가 조용해지면서 긴장된 상태에서 강사의 얘기를 들을 것이고, 차분히 아주 천천히 얘기를 한다면 숨을 죽이면서 얘기를 듣게 될 것이다. 그리고 '사람과 동물의 가장 큰 차이점은'을 차분히 얘기하고 그 뒷부분 즉, '무엇일까요?'를 흥분상태로 힘을 주어 얘기하면 청자들에게 분명한 의미를 실어줄 수 있다.

이처럼 감정은 말에 생동감을 불어넣는다. 그리고 감정은 호흡과 밀접한 연관이 있다.

사람이 표현하는 감정은 총 108가지 정도가 있다. 그리고 간단히 '긍정적 감정'과 '부정적 감정'으로 나눌 수 있다.

행복, 기쁨, 쾌락, 환희 등의 감정은 '긍정적 감정'이고 짜증, 분노, 우울함, 슬픔, 오열 등은 '부정적 감정'에 포함된다.

강의를 할 때 무미건조 한 것보다 이처럼 다양한 감정을 섞어서 표현하면 훨씬 생동감 있는 표현이 될 수 있다.

자, 실전 감정연습을 해 보자.

먼저 기쁨, 환희, 우울, 분노, 슬픔, 행복 등의 다양한 감정으로 '저는 OOO입니다.'라는 말을 해 보는 것이다. 그리고 점점 내용을 길게 하면서 즉 "안녕하세요. 저는 OOO입니다. 사실 저는 때로는 적극적이지만 한편으로는 소극적인 부분도 있습니다." 이 문장 안에 처음엔 웃음과 우울함, 그리고 웃음, 흥분, 차분함 등으로 감정을 늘려나가는 것이다. 그리고 처음엔 감정을 천천히 변화시켜 보다가 익숙해지면 빠르게 감정을 바꿔본다.

다시 말하면 '안녕하세요. 저는 OOO입니다.'를 웃으며 얘기하고 '사실 저는 때로는 적극적이지만'을 자신감 있게 얘기한다. 그리고 '한편으로는

프로강사가 되는 법

소극적인 부분도 있습니다.'를 쑥스럽게 얘기하는 것이다.

또한 반대의 감정으로도 이야기를 해 보고 다양한 감정으로도 얘기해 보는 것이다. 처음에는 당연히 어색하겠지만, 연습을 통해 그 부자연스러움은 자연스런 표현으로 채워질 수 있다.

다음은 감정표현 연습을 하기 위한 남녀대사를 모아보았다.

먼저 영화 '건축학개론에'서 납득이(남자) 역할과 '내 아내의 모든 것'에서 정인(여자) 역할에 대해 감정을 어떻게 하는지 자세히 설명해 보았다. 이것을 참조해서 나머지 다양한 대사들을 연습하면 많은 도움이 될 것이다.

『건축학개론』 중, 납득이

일단 소주 한 병을 사. 그리고 걔네 집 앞에 가는 거야. (과감하게)가서 소주를 병나발로 딱! 불고..(여유 있게) 전화를 해. 받잖아? 그럼 딱!(천천히) 집 앞이다. 잠깐 나와. 그러고 그냥 딱! 끊어. 그냥. 그냥 끊어. (단호히) 그럼 사람이 궁금하게 돼있어. 갑자기 왜? (아는 듯이) 이러면서 나오게 돼 있어.(궁금해서) 근데 너한테 술 냄새가 팍 날 꺼 아니야. (강조) 그럼 일단 쫀다고,(확신에 차서) 납득이 안 되잖아? (되물으며) 갑자기 와서 (궁금해서)술 냄새. 뭐지 이거. 낯선데.. (과감히)그때, 딱 다가가. 딱 다가가. 그럼 개가 첨엔 무서우니까..(여유 있게)뒤로 슬슬 물러난다고. 그러다가 벽에 딱 부딪히잖아. 그럼 딱!(천천히) 아무 말도 않고 돌아가. 절대 뒤돌아보면 안 돼.

『내 아내의 모든 것』 중, 정인

최근에 아주 절실히 깨달았어요. 제가 낙천주의자를 혐오한다는 걸요.(당차게) 세상을 어떻게 낙천적으로만 살 수 있죠? 그건 거짓말이에요. 길들여진.. (설득시키며) 제가 얼마 전에 친구를 만났는데 교통사고를 당했다는 거에요. (어이없어서) 엉덩이부터 발목까지 깁스를 했더라구요.(가리키며) 그런데 그 애 말이. 그래도 이거 운 좋은 거야. 이러는 거예요.(황당해서) 근데 그게 어떻게 운이 좋은 거예요? 세상에 운 좋은 사고가 어딨어요? (따지며) 제 말은 왜 세상을 좋게만 보냐는 거죠.(강조하며)

11. 연기를 활용한 강의

연기를 활용하는 강의는 두 가지가 있다. 하나는 강의를 할 때 연기를 활용해서 어떤 상황을 재연하는 방식이다.

예를 들어, 강사가 '감정노동'이라는 주제로 얘기할 때, 감정노동자의 생활을 재연하는 것이다. 여기서 재연하는 부분이 바로 연기가 수반되는 것이다. 이때는 절대 황급하게 재연하는 것보다 그 인물의 특징을 콕 집어서 소리, 행동, 표정을 통해 나타내는 것이다. 그러려면 평소에 다양한 사람의 특징을 눈여겨 볼 필요가 있다. 특징을 잘 잡아내려면 바로 예리한 관찰이 필요하기 때문이다.

대부분 재연을 할 때 어색한 이유는 두 가지 중 하나이다. 하나는 강사 스스로 어색해 한다. 어색하기 때문에 급하게 재연을 하거나 과장을 한다. 명강사들은 연기적인 측면을 잘 살려서 청중의 배꼽을 빠뜨릴 정도로 재연을 잘하는데 그 이유는 오히려 뻔뻔하게 하기 때문이다. MC 중에서도 신동엽 씨나 탁재훈 씨가 바로 그런 재연 능력이 뛰어난데 그 이유는 뻔뻔함이다. 뻔뻔하기 때문에 여유가 있을 수 있고 그러한 태도와 배짱은 재연을 하는데 매우 중요하다.

이때 재연을 하기 위해서는 그 사람의 특징을 잘 파악하고 모사를 해야 한다. 인물을 재연할 때 두 가지 측면에서 생각해야 한다. 바로 외형적 측면과 내면적 측면이다. 외형적 부분의 경우 그 사람의 나이, 목소리, 말투 등을 고려해야 한다. 그리고 내면적인 부분은 성격, 콤플렉스, 사회적 지위와 환경

외형
1. 나이
2. 키, 몸무게
3. 목소리
4. 말투
5. 혈액형 6. 특징

내면
1. 성격
2. 습관
3. 교육정도
4. 가정환경
5. 콤플렉스 6. 배경

등을 생각해야 한다. 그런 것들을 구체적으로 고려해서 인물을 재연해야 한다.

가령, 신경질적인 직장상사를 재연한다고 가정하자.

그 신경질적인 상사의 말투는 어떠한가? 고음은 밝고 낭랑한 느낌도 있

피치	장점	단점
고음	밝고 낭랑함	신경질적임
중음	편안함	지루함
저음	따뜻함	무거움

강약	장점	단점
강한 소리	힘이 있음	신경질적임
중간 소리	편안함	지루함
약한 소리	부드러움	답답함

지만 신경질적인 느낌도 있다. 강한 소리는 힘이 있지만 권위적인 느낌이 있다. 그러한 부분을 생각한 목소리를 재연한다면 더욱 신경질적인 상사의 느낌을 재연할 수 있다.

그렇다면 걸음걸이는 어떠한가? 거들먹거리는 느낌이라면 상체를 꼿꼿이 세우고 눈은 위에서 아래로 내려다볼 것이다.

나이는 40대인가? 50대인가? 고령으로 갈수록 더욱 느려질 것이다. 느려지면서 완고한 느낌의 태도를 만들어보자.

11. 연기를 활용한 강의

이처럼 외형과 내면을 구체적으로 생각하고 재연한다면 재미있고 구체적인 인물의 모사가 가능해질 것이다.

두 번째는 상황을 이해시킬 때 롤플레잉 즉, 역할극을 통해서 설명을 하는 방법이다. 역할극은 상황을 구체적으로 이해시키거나 설명할 때 쓰는 탁월한 방법이자 해법을 제시하거나 청중과 함께 해법을 찾는 공감대를 형성할 수 있는 아주 좋은 방법이다.

필자 역시 역할극을 활용하는 강사 분들을 많이 보았지만 늘 아쉬운 점이 있었다. 그 부분은 바로 자연스럽게 침투하기 보다는 급작스럽거나 공감을 할 수 없는 과장을 하는 부분이었다.

재연과 다르게 역할극에서 중요한 부분은 청중과 함께 만들어 가는 부분이기 때문에 자연스럽게 동화가 되어야 한다는 점이다. 그렇지 않으면 환영이 깨지기 때문에 상황극에 동화가 되기 어렵다.

또한, 청중이 공감갈 수 있도록 정확히 가려운 곳을 긁을 수 있는 통찰력이 필요하다. 가령, 백화점에서 손님대처방법에 대해 설명을 하기 위해 역할극을 한다고 가정해보자. 그러려면 진상손님의 유형에 대해서 정확한 특징과 디테일을 잘 포착해야 한다. 그래야 청중의 공감을 살 수 있는 것이다. 무조건 소리부터 지르는 손님은 공감대를 사기 어렵다. 예를 들어, 처음엔 조근 조근 얘기하다가 자기 뜻대로 되지 않자 갑자기 소리를 지르거나, 굉장히 예민한 손님의 경우 손으로 자꾸 만지작거리거나 주위를 계속 둘러보는 식의 습관을 디테일하게 표현하는 것이 중요하다.

즉, 상황극을 잘하려면 가장 중요한 부분이 바로 디테일이라는 것이다. 그런 인물의 디테일 상황설정의 디테일이 구체적으로 묘사될 때 청중들은 감정을 이입할 수 있다.

먼저, 역할을 배분하는 방법이다. 롤플레잉에서 청중의 공감대를 사려면 반드시 공감이 갈 수 있는 내용을 바탕으로 구체적인 상황과 역할을 제시해야 한다. 상황이 모호하거나 공감이 가지 않는 역할은 이질감을 느끼게 되어 동화하기가 어렵다.

그리고 역할을 배분한다. 이때 강의의 설명이나 청중의 상황에 맞는 공감할 수 있는 역할에 맞게 배분해야 한다. 세 번째로 상황을 다시 한번 구체적으로 이해시켜야 한다. 강사는 상황극을 충분히 준비했기 때문에 당연히 이해할 것이라 생각하지만 청중은 처음 받아보는 부분이기 때문에 어색하고 또한 긴장이 되는 상황이기 때문에 더욱 이해하기가 어려울 수 있다.

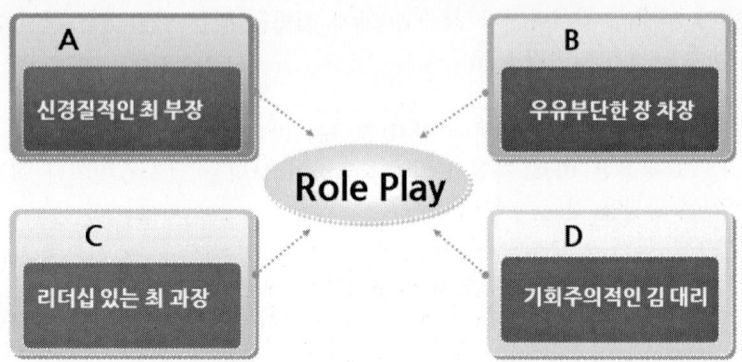

마지막으로 자연스럽게 그 역할에 몰입한다. 여기서 중요한 점은 강사 스스로 먼저 맡은 역할에 몰입을 해야 한다는 것이다. 사람은 분위기에 적응하는 동물이고 모방의 동물이기도 하다. 예를 들어, 어떤 사람이 울면 함께 울게 되고 하품을 하면 같이 하품을 하게 된다. 롤플레잉에서도 바로 그러한 부분을 활용하면 된다. 가령, '직장에서의 상사와 부하직원과의 소통' 이라는 주제를 가지고 상황극을 한다면 먼저 고집스런 상사역할에 몰입을 하는 것이다.

그런데 위에서도 얘기했듯이 몰입에서 중요한 부분이 디테일이기 때문에 고집스러운 상사라면 '이 상황에서 지금 무엇을 하고 있을지'를 생각해서 구체적으로 재연해야 한다. 부하직원의 서류를 꼼꼼히 검토하면서 흠을 잡고 있다거나 부하직원의 기획안을 보면서 짜증을 내고 있는 그런 구체적인 상황을 하게 되면 자연스럽게 상대방이나 청중은 동화가 되기 마련이다.

바로 롤플레잉에서 강사들이 범하는 가장 큰 실수는 '자연스럽지 않음' 이므로 그런 디테일과 몰입력을 키우는 것이야말로 청중의 공감대를 살 수 있는 가장 좋은 무기라 할 수 있다.

11. 연기를 활용한 강의

PART4. 명강사의 강의법

1. 스티브 잡스

스티브 잡스는 명석함과 냉철함의 대명사이다. 그의 강연의 특징은 핵심을 꿰뚫어보는 통찰력과 자연스러운 표현이다.

스티브 잡스는 스마트폰 출시 때의 프레젠테이션과 스텐포드 대학의 강연으로 유명하다. 아이 폰의 프레젠테이션에서는 '스마트폰이 일상을 침투하는 혁신기술이다.' 라는 것을 아주 간단한 인포그래픽을 통해 명시하고 있다. 그리고 혁신의 상징성을 세 개의 이미지를 통해 말을 해주고 있다.

즉, 간결하면서 명확하게 왜 '스마트폰의 혁명인가' 에 대한 답을 주고 있다. 또 한 가지는 바로 그의 청바지의 옷차림과 같은 자연스러운 화법과 제스처이다. 보통의 프레젠테이션이나 발표회에서 보는 과장된 몸짓이나 화법이 아닌 마치 친구에게 얘기하듯이 말하는 그의 화법은 마치 스마트폰의 출시와 같은 놀라움의 연속이었다.

스텐포드 대학에서의 강연은 스티브 잡스의 '진정성' 이 돋보이는 강연이었다. 그의 강연에서 돋보이는 점은 바로 자신의 얘기를 통해 자연스럽게 사람들의 마음을 얻은 부분이다. 자신의 일과 사랑과 생각을 통해 '창의성' 과 '모험' 이 왜 중요한 것인지를 역설하고 있다. '실패를 두려워하지 마라. 그리고 도전하라.' 라는 그의 강연의 핵심은 그의 자전적인 스토리와 어우러져 많은 감동을 주었다.

다음은 스티브 잡스의 스텐포드 강연 내용이다.

1. 스티브 잡스

"세계 가장 명문 대학 중 하나에 이렇게 강연하게 되서 영광입니다. 사실 저는 대학을 졸업하지 않았습니다. 이 자리가 대학 졸업식에 가장 가까이 서보는 자리네요. 저는 오늘 이 자리에서 딱 3가지 얘기만 하겠습니다.

첫 번째는 점을 잇는 것입니다. 저는 대학교를 자퇴했습니다. 여기에는 긴 스토리가 있죠. 저의 생물학적 어머니가 저를 입양 보내기로 마음먹었을 때 그녀는 제가 대학을 졸업한 부모님의 밑에서 자라길 바랐습니다. 그래서 한 변호사 부부가 저를 입양하기로 되어 있었지만 제가 어머니 뱃속에서 나왔을 때 그들은 갑자기 남자아이가 아닌 여자아이를 바란다고 해서 입양을 철회했죠. 그래서 어머니는 입양을 원하는 다른 사람들을 찾았습니다. 남자아이가 있는데 입양하시겠어요? 하고 묻자 저의 부모님들은 그러겠다고 하셨습니다. 하지만 저의 어머니는 대학교를 나오시지 않았고 아버지는 고등학교도 나오시지 않았습니다. 그래서 저의 생물학적 어머니는 입양을 철회하려 했으나 저를 대학교에 꼭 보내겠다는 약속을 하고 저의 부모님은 저를 입양하는 것을 허락받았습니다.

17년 후, 저는 대학에 가게 됐죠. 스탠포드만큼 학비가 비싼 대학이었습니다. 저의 부모님이 평생 버신 돈이 저의 학비로 나갔죠. 저는 부모님의 지출이 너무 큰데다, 대학에서 배울 것이 전혀 없다고 판단하여 대학교를 자퇴했습니다. 그리고 지금 생각해보면 정말 잘한 일인 것 같습니다. 자퇴하고 저는 제가 들어야 하는 수업 대신 듣고 싶은 수업을 들었습니다. 그 중 저는 칼리그래피 수업을 들었는데 그때는 몰랐지만 10년 뒤 매킨토시 폰트 디자인에 이 칼리그래피 수업에서 배운 것을 써먹을 수 있었습니다. 그 덕에 매킨토시 컴퓨터는 세계 최초로 아름답게 디자인 된 폰트를 가진 컴퓨터가 될 수 있었습니다. 그때 자퇴해서 칼리그래피 수업을 듣지 않았다면 아마 매킨토시의 아름다운 폰트를 만들 수 없었을 겁니다. 윈도우는 우리를 베낀 거죠.

이렇듯 살아가다 보면 점이 이어집니다. 지금 당장은 모르지만 먼 미래에 내가 과거를 뒤돌아보면 그때 그 일이 어떻게 연결되는지가 보입니다. 그러니 나 자신을 믿고 앞으로 나아가야합니다. 분명 나의 미래와 연결되니까요.

두 번째 이야기는 사랑과 이별입니다. 저는 굉장히 운이 좋았습니다. 왜냐하면 하고 싶은 것을 정말 일찍 찾았기 때문이죠. 그 덕에 창고에서부터 시

> **프로**
> **강사** 가 되는 법

작해 이렇게 큰 회사를 차리게 되었습니다. 하지만 30살이 되자 저는 제가 만든 회사에서 해고 됐습니다. 회사에서 해고된 후, 저는 절망에 빠졌습니다. 몇 달 동안은 무엇을 해야 할지 몰랐어요. 심지어 저는 골짜기에서 뛰어 내릴까 하는 생각까지 했습니다. 하지만 저는 제가 하는 일을 너무나도 사랑했습니다. 저는 거절당했지만, 여전히, 저는 이 일을 너무 사랑했습니다. 해고당한 덕분에 저는 그동안의 중압감으로 부터 벗어날 수 있었습니다. 그리고 창의적인 시간을 보냈죠. 이 기간 동안 저는 넥스트와 픽사라는 회사를 세웠습니다. 그리고 아내와 결혼도 했죠. 재밌는 것은, 애플이 넥스트를 인수했다는 것입니다. 그 덕에 저는 애플로 돌아갈 수 있었죠. 아무래도 정말 쓴 약이었지만, 환자는 이 약이 꼭 필요했나봅니다. 여러분도 자신이 진짜 사랑하는 일을 찾으세요. 만일 아직 정말 사랑하는 일을 찾지 못했다면 정착하지 말고 계속 찾으세요.

저의 세 번째 이야기는 죽음입니다. 제가 13살 때 한 문구를 읽었는데, "만일 오늘이 마지막 날인 것처럼 살면 언젠가는 그렇게 될 것이다."라는 것이었습니다. 저는 그 문구를 읽고 난 후 매일 거울 앞에 서서 제 자신에게 물어봤습니다. "오늘이 나의 마지막 날이라면 나는 오늘 무엇을 할 것인가?" 우리는 모두 언젠가 죽습니다. 죽음 앞에서 부끄러움, 두려움, 등 모든 것은 사라지고 정말 중요한 것만 남습니다. 1년 전에 저는 암 선고를 받았습니다. 췌장에 종양이 생긴 것입니다. 암 선고를 받기 전까진 췌장이 뭔지도 몰랐는데 말이죠. 의사는 췌장암은 보통 치료가 불가능 하다고 했습니다. 그리고 저에게 3~6개월 정도가 남았으니 일을 정리하라 했습니다. 저는 아이들에게 몇 년 동안 말해야 하는 것을 몇 달 동안에 말해야 했죠. 저는 췌장을 다시 검사 받았습니다.

그리고 의사들은 울면서 굉장히 희귀한 케이스지만 치료가 가능하다고 했습니다. 저는 그렇게 췌장암을 치료 했고 지금은 괜찮습니다. 우리는 모두 죽고 싶지 않습니다. 천국에 가고 싶은 사람들도 천국가려고 죽고 싶진 않을 거예요. 하지만 죽음은 우리의 종착지입니다. 새로운 것을 만들기 위해 옛 것을 정리하죠. 당신의 시간은 제한되어있습니다. 그러니 다른 사람들의 삶을 살기 위하거나 다른 사람들의 의견으로 인해 시간을 낭비하지 마세요. 그리고 자기 자신의 직감을 따르세요. 직감은 무엇을 해야 할지 알고 있으니까요.

1. 스티브 잡스

제가 어렸을 때 한 책을 읽었습니다. 그 세대 때의 성경과 다름없는 책이었죠. 그때는 60년대 때니 컴퓨터도 없어서 전부 타자기로 쳐야 책을 낼 수 있었습니다. 마치 옛날에 구글이 책이었던 것처럼 말이죠. 그 후에 출판사가 몇 권의 판권을 새로 찍어냈는데 70년대 때 마지막 판권을 냈습니다. 제가 여러분의 나이였을 때죠. 책의 뒤 커버에는 이런 문구가 써져있었습니다. "Stay Hungry, Stay Foolish" 만족하지 말고, 항상 배우고자하세요 그들의 마지막 인사였죠. 저는 항상 저에게 이 말을 했습니다. 그리고 이제 졸업하고 새로 시작하는 여러분들에게도 바랍니다."

(스텐포드 연설 중에서)

스텐포드 강연에서 볼 수 있듯이 비언어의 집중이나 화술의 특별함 보다는 자연스러운 표현 속에서의 '진성성'과 '통찰력'을 통해 청중의 흥미와 관심을 집중시킨다. 그러한 스티브 잡스의 흡인력은 스마트 폰 프레젠테이션에서도 유감없이 발휘되었다.

아직도 스텐포드 대학에서의 연설과 스마트 폰 출시 프레젠테이션은 많은 유튜브 조회수 기록과 전 세계 사람들의 인구에 회자될 만큼 강연과 발표의 교과서라 불릴 만하다.

2. 버락 오바마

미국 44대 대통령에 취임하는 최초의 흑인 대통령 버락 오바마. 민주당 후보경선 과정에서 그의 최대 정적인 힐러리를 국무장관으로 지명하며 통합과 화합의 리더십이 무엇인지 보여준 그는 절제된 표현, 겸손한 언행과 품성, 자신감 넘치는 연설은 미국 국민들을 환호하게 만들며 어려운 경제난 속에서 희망이라는 불씨를 가슴에 안고 다시 일어설 수 있다는 그의 말 한마디 한마디가 진한 감동을 주고 있다.

오바마의 연설은 그만의 '인본주의적인 진정성'이 돋보인다. 그래서 청중들의 그의 연설을 듣다가 눈물을 흘리는 경우가 많다. 또한, 오바마 특유의 유머와 재치도 엿보인다. 억지로 유머를 만드는 것이 아니라, 권위를 앞세우지 않고 자신을 낮추는 겸손함으로써 편안하게 사람들을 웃게 만든다. 사실 유머를 할 때 가장 좋은 방법은 자신을 낮춤으로써 사람들을 웃게 하는 것이다. 보통 연설가나 강사의 경우 공격이나 독설을 많이 활용해서 웃게 만드는데 그것의 단점은 공격을 당한 사람이나 부류를 적으로 만들 수도 있다는 점이다. 그런 면에서 오바마의 재치는 훨씬 더 인간적이고 고급스럽다고 할 수 있다.

특히 인간미가 넘치는 부드러운 눈빛과 제스처가 오바마의 연설의 매력이라 볼 수 있다. 애정과 사랑이 담겨있는 부드러움에서 나오는 눈빛 그리고 때로는 송곳처럼 날카로운 비판이 그의 연설에서의 매력이라 할 수 있다.

다음은 그의 취임식 연설문 중 일부분이다.

2. 버락 오바마

"새로운 도전들이 우리를 기다리고 있습니다. 우리가 그 도전들을 맞이할 때 사용할 도구들도 새로울 겁니다. 하지만 우리의 성공이 달려 있는 정직, 근면, 용기, 공정성, 인내, 호기심, 성실, 애국심과 같은 덕목들은 오래되고 또한 진실한 것들입니다. 우리 역사를 통틀어 이 덕목들은 진보의 조용한 힘이 되어 왔습니다. (도전과 맞닥뜨릴) 그때 요구되는 것이 바로 이런 진실어린 덕목들로 복귀하는 것입니다. 지금 우리에게 필요한 것은 새 시대의 책임감, 즉 모든 미국인들이 자기 자신과 조국 그리고 전 세계에 대한 의무를 인식하는 것입니다. 여기서 의무란 마지못해 응낙하는 의무가 아닐 뿐더러 어려운 책무에 우리의 모든 것을 내맡기는 그런 것이라기보다는 우리의 정신을 만족시키고 우리의 기질을 정의하는 데 있어 이만한 것이 없다는 사실에 대한 이해와 함께 기꺼이 그리고 단호히 받아들이는 그런 의무를 말합니다.

이것이 바로 시민권에 대한 대가이자 약속입니다.

이것이 바로 우리의 자신감의 원천이자 신이 우리들로 하여금 불확실한 운명을 스스로 개척해 나가기를 요구했다는 사실을 아는 것입니다.

이것이 바로 우리의 자유와 신조의 의미이자 인종과 신념에 상관없이 모든 남녀노소가 이 거대한 취임식 행사에 참석할 있는 이유 그리고 겨우 60년 전보다 더 최근의 시절에도 동네 식당조차 출입할 수 없었던 아버지를 가진 제가 여러분들 앞에 이렇게 서서 신성한 선서를 할 수 있게 된 이유입니다.

다함께 우리가 현재 누구이며 또 우리가 얼마나 먼 길을 여행해 왔는지를 기억하며 오늘을 표시해 둡시다. 미국이 건국되는 해의 가장 추웠던 달에 한 무리의 애국자들은 얼어붙은 강가의 꺼져가는 모닥불 옆에 몸을 움츠리고 모였습니다. 수도는 버려졌고 적군은 전진하고 있었습니다. 눈은 피로 물들었습니다. 혁명의 결과에 대해 가장 강한 의구심이 피어 오르는 그 순간 우리

건국의 아버지들은 다음 글을 국민들에게 읽게 하였습니다.

오직 희망과 미덕만이 살아남을 수 있는 한겨울이었지만 공동의 위험에 놀란 도시와 농촌이 모두 그 위험에 맞서기 위해 나섰다는 사실을 미래 세대에게 들려주도록 합시다.

그리고 어떤 폭풍우가 다가오더라도 참고 견딥시다. 우리가 시험에 들게 됐을 때 우리는 이 여정을 끝내기를 거절했다고, 결코 등을 돌리거나 뒷걸음치지 않았다고 우리 아이들의 아이들로 하여금 말할 수 있게 합시다. 그리고 신의 은총과 함께 지평선을 꿋꿋이 응시하면서 전진해 나갔기에 자유라는 위대한 선물을 미래 세대들에게 안전히 전달해 줄 수 있었다고 말할 수 있게 합시다." - 오바마 취임 연설문 중에서

3. 김미경

　김미경 강사는 우리나라를 대표하는 명강사이다. 그는 다양한 방송과 프로그램을 통해 일반 사람들에게도 널리 알려져 있다. 그리고 그의 거침없는 화법은 많은 강사들에게 강한 충격과 영향력을 주고 있다.

　김미경 씨의 강연을 보면 마치 마트에서 옆집 아주머니와 대화하는 듯한 편안함을 주고 있다. 우리가 마트에 가서 물건을 살 때 생활에서의 지혜가 뛰어난 옆집 아주머니가 '그것보다는 이 물건이 좋아. 그건 오래 못써'라고 말하는 것처럼 거침이 없고 편안하게 느껴진다. 그것이 바로 김미경 강사의 최고의 강점이다.

　또한, 김미경 강사의 강의는 마치 오래된 여드름이나 종기를 시원하게 짜는 듯한 쾌감이 있다. 그래서 강의를 듣고 나면 통쾌함을 느끼게 된다. 주로 주제는 '소통'에 대한 강의와 '스피치'에 대한 부분인데 강의를 들어보면 사람들에 대한 관찰력과 소통능력이 뛰어남을 볼 수 있다.

　대표적인 에피소드에서 김미경 강사의 매력을 느낄 수 있다. "여러분이 얼마나 치열하게 삶을 살아가는지 그리고 얼마나 처절하게 버티고 있는지를 잘 알고 있습니다. 물을 차오르는 것으로 직장생활을 비유하자면 대리는 무릎까지 차오르는 물에서 생존하는 느낌이라면 과장은 허리 그리고 차장은 가슴까지 차오르는 물에서 생존하는 느낌이죠. 하지만 이제 명퇴를 앞둔 부장은 얼굴까지 차오른 물에 입에 빨대를 꽂은 채 공중으로 향해 생존을 위해 숨을 쉬는 느낌입니다." 이러한 비유는 바로 직장생활에 대한 통찰력과 세

심한 공감능력이 없으면 나올 수 없는 말이다.

　위의 에피소드처럼 김미경 강사의 경우 관찰력과 사람들에 대한 공감능력이 뛰어나다. 그러한 편안한 공감능력 때문에 청중이 김미경 강사를 옆집 언니, 누나처럼 편안하게 받아들이는 것이다. 전 세대를 아우르는 능력은 바로 김미경 강사의 사람에 대한 진정성 있는 관찰과 귀를 진심으로 기울이는 경청에서 이어지는 공감능력이라고 생각한다. 그래서 청중들의 반응을 잘 살펴보면 '맞아.' 와 같은 고개를 끄덕이는 동작을 자주 볼 수 있다.

　다음은 김미경 강사의 강의 중에 명언이다.

　자신의 꿈을 이루기 위해서는 다른 사람의 말보다는 자기 내면의 목소리에 집중해 보세요. 자신의 꿈을 생각할 때는 특히 가족, 부모님과 상의하지 말라고 했던 게 기억이 나네요. 부모님은 투자자의 입장으로 볼 확률이 크다고요. 자신내면의 꿈을 들여다보세요.

　(파랑새 강연 중에서)

　나를 키워 줄 사람과 결혼하세요. 남편이나 아내가 자신의 꿈을 밀어줄 사람인지 그 꿈을 밀어주는 사람과 결혼하라는 식의 말이었는데요, 개인적으로 정말 공감합니다.

　(언니의 독설 중에서)

　한시라도 젊을 때 넘어지세요. 결핍과 고통이 자신의 보물이라고 말합니다. 꿈을 이루기 위해서는 꿈을 만들어야 합니다. 죽음이 다가왔을 때 못 먹은 밥이 생각날까요? 못 이룬 꿈이 생각날까요? 꿈을 먼저 만드세요. 꿈을 명품으로 만들지 마라. 꿈이 나답지 않으면 실속이 없습니다. 나에게 맞는 꿈을 찾는 것이 좋습니다. 그래야 오래합니다.

　(청년들을 위한 강연 중에서)

4. 김창옥

　김창옥 강사의 강연을 우리는 "10분의 영화"라고 표현한다. 마치 너무나 웃겨서 배꼽잡고 깔깔대다가 마지막에 눈시울이 붉게 만드는 '재미와 감동'이 있는 영화를 보는 것과 같다. 특히 '세상을 바꾸는 시간'이라는 프로그램을 통해 대중들에게 널리 알려졌다. '소통'이라는 주제를 가지고 주로 강연을 하는데 그 프로그램에서의 김창옥 강사의 강연을 보면 정신없이 청중들을 웃기다가 갑자기 침묵을 주면서 마치 망치로 얻어맞은 듯한 먹먹한 감동을 심어준다.

　필자 역시 김창옥 강사의 강연을 수십 번을 돌려보며 '어떻게 저 짧은 시간에 미친 듯한 재미와 감동을 심어줄까?'라는 의구심과 경외심을 가지게 되었다. 김창옥 강사의 최고의 매력은 바로 '리듬과 템포'라고 할 수 있다. 처음엔 청중의 긴장과 경계심이라는 옷을 에피소드와 비유를 통한 웃음으로 자발적으로 벗게 하고 알몸 상태에서 감동이라는 비를 뿌린다. 그 비는 온몸을 짜릿하게 만든다.

　일단 그렇다면 김창옥 강사는 어떻게 미친 듯이 사람을 웃게 만드는 것일까? 그 해답은 자신의 에피소드와 경험담에 '비유와 재연'을 통한 맛있는 조미료를 곁들이는 맛있는 웃음에 있다.

　예를 들어, 그의 '그래. 여기까지 잘 왔다.'라는 강의에서 보면 오프닝에서 이런 말을 한다. "제가 이 방송에 출연했을 때 가장 많은 질문이 있었습니다. 어머니들이 제게 '결혼하셨어요?'라고 묻는 질문입니다. 그래서

프로강사가 되는 법

저는 '저랑 결혼 할 거냐? 아님 '딸을 저에게 줄 거냐?' 라고 다시 묻습니다. 또 하나의 질문은 '강의를 할 때 재미를 많이 생각 하냐?' 라는 질문입니다. 사실은 저도 강의에 스트레스를 많이 받습니다. 하지만 우리는 가족에서나 직장에서 모두 스트레스를 받습니다. 직장에서도 중간관리자들이 우울증에 걸리는 사람이 많습니다. '차장님, 죄송합니다. 열심히 하겠습니다.' 그리고 대리들을 불러놓고 이렇게 말하죠. '대리님들 우리 다시 열심히 해 봅시다. 저는 자살할 거예요.' 요새는 그런데 자기 할 말 다하는 신입직원들도 있습니다. 과장님, 과장님도 처음부터 잘하신 건 아니잖아요." 처음 오프닝에서 재미있는 상황적 비유와 에피소드로 좌중을 한바탕 웃긴다. 그러면서 다음과 같이 처음의 에피소드를 주제와 연결시켜 얘기한다.

"우리는 이런 처세들에 의해 스트레스를 많이 받죠. 이런 걸 우리는 '감정노동'이라고 하죠. 저도 5, 6년 정도 강의를 하면서 감정노동 스트레스를 많이 받았어요. 그러다가 소통강의가 와서 기업에 갔는데 노사가 서로 '우리에게 죽음을 달라.' 라는 문구가 써져 있는 곳에서 재미있게 강의를 하라는 의뢰를 받았습니다."

그러면서 자연스럽게 얘기는 감동으로 향한다.

저는 이런 감정노동 스트레스를 위해 마지막으로 신부님을 찾아갔습니다. 그랬더니 그 신부님이 자신도 스트레스가 있다며 저에게 감정을 토로했습니다. 제가 그 스트레스를 해결하기 위해 찾아갔는데도 말이죠. 그런데 신부님이 저에게 이렇게 말했습니다. 그리고 신부님이 저에게 자신의 침묵의 소리를 들어보라고 했습니다. 그래서 저는 프랑스로 여행을 갔습니다. 그리고 산책을 하면서 저는 제 마음에서 나오는 소리를 들을 수 있었습니다. '그래, 여기까지 잘 왔다.'

김창옥 강사의 최대의 무기는 온기가 전해지는 따뜻한 음성과 상황재연과 재치 있는 비유, 큰 눈에서 나오는 집중을 시키는 눈빛이다. 거기서 오랜 경험과 관록에서 나오는 리듬과 템포로 쉴새 없이 웃기다가 결정적 한 방의 감동으로 좌중을 멍하게 만들며 여운을 남긴다. 다분히 영화적 기법을 많이 활용함을 볼 수 있는 부분이다. 개인적으로 강의에서 재미와 감동의 두 마리를 가장 제대로 잡는 분이 바로 김창옥 강사가 아닐까 싶다.

4. 김창옥

다음은 김창옥 강사의 강의 중에 명언이다.

내게 소중한 것은 관리하게 된다. 내가 소중하다고 생각하는 마음이 자존감이요. 내가 잘났다고 생각하는 마음이 자존심이요. 물은 어느 그릇에나 들어갈 수 있는 존재이지만 얼음은 꼭 큰 그릇에만 들어갈 수 있습니다. 나랑 맞는 사람은 거의 없습니다. 물과 같은 사람이 되어 그곳에 맞춰 살아가는 것입니다.

(소통 강연 중에서)

5. 설민석

    설민석 강사는 인터넷과 오프라인에서 한국사를 주로 강의를 하다가 '어쩌다 어른'이라는 프로그램에서 유명해진 역사 선생님이다.

    보통의 역사 강의가 서술과 기록에 대한 것이 주류였는데 설민석 강사가 등장하면서 역사 강의도 충분히 재미가 있을 수 있다는 것을 보여주고 있다.

    설민석 강사의 가장 큰 재미와 강점은 그의 역동적인 비언어에 있다. 마치 영화를 보는 듯한 생생한 상황설명과 묘사력 그리고 재연에 매우 능숙하다. 그래서 관객들은 마치 3D영화를 보는 것처럼 입체적으로 강의를 듣는 착각을 하게 된다.

    예를 들어, '어쩌다 어른'이라는 프로그램에서 6.25의 역사에 대해 설명한 적이 있었다. 그는 6.25의 상황을 설명하면서 "때는 1950년 6월 25일 새벽. 북한 공산군이 남북군사분계선이던 38선 전역에 걸쳐 남침을 거행했습니다. 우리는 아무런 대비를 하지 못했기 때문에 속수무책으로 당할 수밖에 없었습니다. 그리고 아무런 저항도 받지 못한 채 북한 공산군은 부산까지 그대로 기세등등하게 밀고 내려왔습니다." 라고 에피소드를 말합니다. 설민석 강사가 주목받는 이유는 위의 상황을 묘사할 때 음의 고저와 강약과 더불어 감정과 제스처를 상황에 맞게 매우 잘 구사하기 때문이다.

    특히, 그는 감정을 매우 잘 활용한다. 슬픈 장면에서는 호흡과 표정을 활용해서 더욱 극대화 하고, 역동적인 장면에서는 쉴 새 없이 말을 몰아치며

5. 설민석

감정을 끌어올린다. 김미경 강사 그리고 김창옥 강사와의 차별점은 여기서 비롯된다고 볼 수 있다. 김미경 강사가 생활 밀접 형 에피소드에 능숙하고 김창옥 강사가 유머를 활용한 재연에 능숙하다면 설민석 강사는 리듬과 템포와 더불어 감정표현의 귀재이다.

그의 이런 엔터테이너적인 기질은 대학에서 연극영화를 전공하면서 두각을 나타냈고 그 이후 강의를 하면서 더욱 뛰어난 능력을 발휘할 수 있었을 것이다.

또 하나 그의 강점은 스토리텔링에 있다. 역사를 서술하거나 기술하는데 그치지 않고 그는 관객에게 전하고자 하는 메시지를 분명히 한 후에 역사의 에피소드를 얘기하고 있다. 그렇기 때문에 더욱 메시지가 강렬하게 느껴질 수 있는 것이다.

예를 들어, '애국심'에 대한 얘기를 하면서 우리 선열들의 일화들을 하나하나 이끌어 낸다. 세종대왕이 한글을 창제하기 위해 얼마나 많은 노력을 기울였는지, 이순신 장군이 해상에서 왜군에게 조선을 뺏기지 않기 위해 갖은 고초를 겪으면서 땀을 흘렸는지에 대해 일깨워주며 그 에피소드는 바로 하나의 '애국심'이라는 키워드로 연결시키며 관객에게 더 큰 의미를 준다.

이처럼 설민석 강사는 스토리와 표현에 있어서 관객이 무엇을 원하고 어떻게 하면 청중이 흥분할 수 있는지를 매우 잘 알고 있다. 즉, 일단 설민석 강의는 재미가 있다. 그의 강의를 듣다보면 어느새 청중은 역사의 한 장면에 동참해 있고 빠져있다. 그래서 그의 강의는 주술사의 움직임을 보는 것과 같은 최면을 가지고 있다.

그런 최면은 그의 뛰어난 감정표현과 상황에서 주제를 읽어내는 명석한 분석 그리고 상황을 제대로 재현하는 연기력의 뒷받침이 있었기에 가능할 수 있는 것이다.

6. 김제동

　김제동 씨는 방송인으로 유명한 사람이다. 그런데 그의 강연은 다른 강사와는 분명히 차별점이 있다. 그는 마치 옆집 아저씨, 옆집 오빠, 형과 같은 편안함이 있다. 그의 외모에서 풍기는 편안함도 강연에서는 강점이지만 무엇보다 상대방에게 마음을 열게 하는 친근함과 어떠한 상황에서도 서먹함을 없애는 애드리브의 명수라고 할 수가 있다.

　타 강사들과는 달리 방송활동과 수많은 토크쇼에서의 위트 있는 진행능력은 지금의 명강사로서의 김제동이라는 사람을 만드는데 일등공신이다.

　특히, 야구에서 MC로 활약하며 그때부터 현장경험을 풍부히 쌓아왔다. 그러한 경험이 현장 상황에 맞는 애드리브와 유연함의 최고 강사로서 입지를 다진 것이 아닌가라는 생각이 든다.

　그의 애드리브와 유연함이 얼마나 뛰어난지 몇 가지 에피소드로 예시를 들어보자.

　제동 : 저는 개인적으로 태우 씨를 아주 좋아합니다.

　내가 여자로 태어나면 태우 씨와 결혼을 할 겁니다. 해주실 거죠?? (태우의 반응을 살피자)

　제동 : 그 대신 이 모습 그대로 태어날 겁니다.

6. 김제동

(가수 콘서트에서)

한 학생이 "오빠! 나랑 결혼해요~"

제동님 왈, "나 같은 딸 낳아서 살 수 있겠어요? 그건 인생을 망치는 일이에요!"

(대학교 신입생 환영회에서)

"키가 작았던 나폴레옹은 자기 자신의 키를 땅으로부터 재면 다른 사람보다 훨씬 작은 키지만, 하늘에서부터 재면 자신의 키는 다른 사람보다 훨씬 높은 키라고 말했습니다. 여러분도 희망을 가지시고 모든 일에 최선을 다하세요."

(강연 중에서)

다음은 토크쇼에서 나온 김제동의 재치 있는 어록입니다.

윤도현 : 목이 참 쫄려 보이시네요.

김제동 : 좀 그렇죠!? 코디가 미쳤나 봐요. (폭소)

김제동 : 이 세상의 모든 코디 분들에게 말합니다. 멋 보다는 사람 생명이 중요하다는 거.

어떤 여자 분이 옷을 예쁘장하게 입고 있었는데 그걸 본 제동 씨 장난 끼가 발동.

"저... 그 옷 어디서 구입하셨나요?" "(굉장히 부러운 듯 옷을 들어보며)

이어서 자랑스레 여자 분이 말하려던 찰나 제동 씨가 말을 한다.

"정말 싸고 좋은걸 구입 하셨네요."

"제가 첫 번째로 싫어하는 게 제 얼굴이고 두 번째가 쥐에요"

"아 이 시계는 방수군요. 대단합니다. 수심 40M 까지 방수가 된다는군요. 이런 쓸데없는 기능을… 누가 수심 40M 까지 들어간답니까… 그건 미친 짓이죠."

제동 : 암튼 어제 제가 수원 경희대에 축제 가서 강연회 하고 왔는데 어제 보시고 오늘 또 오신 분들 있더라고요.

관객 : 꺄악! 여기요 여기!

제동 : 그래요..참 좋겠어요. 여기 뽑혀서 온 거지요?

청중 : 예!

제동 : 그럼 어제 오늘 이틀 연속으로 저 보러 오신 거네요? 그쵸?

청중 : 예!

제동 : 재수 드럽게 없네요. 그쳐?

행사장에서 김제동이 가장 싫어하는 여자 스타일을 물었더니 "깜찍하고, 예쁘고, 귀엽고, 사랑스럽고, 애교 있고, 섹시하고, 나랑 친한데 나랑 사귀지 않는 여자!!"

제동 : 남자친구 있어요?

우리 : 없어요.

제동 : 괜찮은 자살사이트가 있는데 알려드릴까요?

우리 : ㅋㅋㅋ

6. 김제동

제동 : 새로 나온 농약이 있는데...

"잘생긴 남자들이 담배 피우면 여자들은 '오빠 담배 피지 마. 응? 몸에 해롭잖아.' 이러는데 내가 담배 피는 거 보고 여자들은 저한테 이렇게 얘기를 하더군요. '오빠 두 개 한꺼번에 펴봐. 응?' "

제동 : 길을 가다가 천 원 짜리와 만 원 짜리가 있으면 뭘 주어야 하나요?

관객 : 만 원짜리요.

제동 : 길을 가다 천 원 짜리와 만 원 짜리가 있으면 둘 다 주워야합니다.

제동 : 이름이 뭐에요?

관객 : 김××요.

제동 : 정답입니다.

제동 : "애인 없어요?"

청중 : "네."

제동 : "왜 없어요?"

청중 : "모르겠어요."

제동 : "왜 몰라요? 난 딱 보니까 알겠는데..."

제동 : "저는 누나들 다 집에 있으면 집에 들어가기가 싫어요. 시끄러워서!! 원... 누나 셋하고 드라마 보고 나면 내용은 하나도 생각이 안 나고 누구머리가 어떻더라. 옷이 어느 메이커더라. 그것만 기억나요. 악역이라도 하나 나와 봐요.. 저런 년은!! 확! 쎄리 쥑여뿌야 되는 거 아이가! 난리, 난리 그런 난리도 없어요..."

115

프로강사가 되는 법

　사회자 : "누나가 많은 집에서 컸으면 여성화가 많이 되었을 텐데... 제동 씨는 아닌가 봐요?"

　제동 : "저희 누나들이 다 남성화 되어 있어서 저는 여성화가 되려야 될 수가 없어요."

　사회자 : "자신이 가장 무서워하는 누나가 있다면?"

　제동 : "넷째 누나가 젤로 무서워요. 한 번은 말 안 듣다가 밥통으로 맞아서 죽을 뻔 했어요."

　(토크쇼 중에서)

　'천재는 1%의 재능과 99%의 노력으로 이뤄진다.' 라는 명언이 있다. 물론 재능이 뛰어나면 좋지만, 재능만 믿고 노력을 하지 않아 꽃봉오리만 만드는 경우가 많다. 노력의 힘은 정말 위대하다. 김창옥 강사는 성악을 전공했고, 김미경 강사는 음악을 전공했다. 어떻게 보면 모두 프로강사와 연관된 분야가 아니다. 하지만 그들은 뚝심과 노력으로 지금은 최고 강사로서 많은 강사들의 본보기가 되고 있다.

　'최고가 되려면 최고를 흉내 내라.' 는 말은 프로강사로서 성공을 하기 위한 현실적인 명언이다. 모방을 해서 흉내를 내라는 말이 아니라 명강사의 강의법을 꼼꼼히 살펴보고 숙지해서 자신의 강의법을 더욱 업그레이드 시키라는 의미이다.

명강사는 타고나는 것이 아니라 만들어가는 것이다.

6. 김제동

PART5. 다양한 강의방법

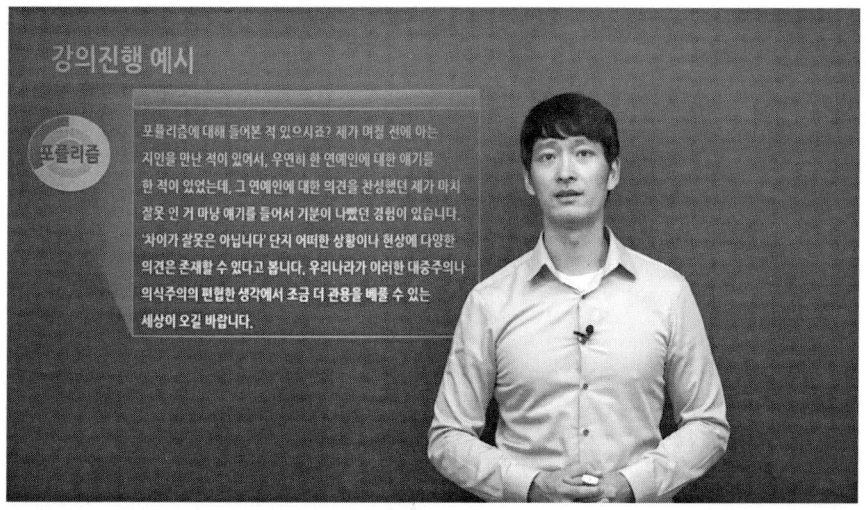

1. 강의의 종류

강의의 주체가 누구냐에 따라 발표자 위주의 강연과 PPT 위주의 강연으로 나눌 수 있다.

발표자 중심의 강의는 청중에게 감동이나 메시지를 전할 때 주로 쓰일 수 있는 방법이다. 청중의 관심이 나로 집중을 시키게 하려면 발표자 중심의 프레젠테이션의 경우는 PPT를 최소한으로 만드는 것이 좋다. PPT의 양이 많거나 시선이 PPT로 쏠리게 되면 강사에게로 시선이 머물기 어렵기 때문에 PPT를 줄이고 강사에게로 중심을 향하게 해야 한다.

반면 PPT나 인포그래픽 중심의 강의는 지식이나 정확한 전달 등을 요할 때 필요하다. 가령, '기획력을 높이는 방법'에 대한 강의의 경우 실용성과 정확한 사실에 대한 보고이기 때문에 이때는 PPT에 집중할 수 있도록 하는 것이 좋다.

또한, 용도에 따라 실용적인 강의와 교훈적인 강의로 나눌 수 있다.

실용적인 강의는 사실이나 정보를 바탕으로 청중에게 지식을 제공하는 것을 말한다. 예를 들어, '경제적인 난항을 극복하는 방법'이나 '역사적인 왜곡을 바로잡는 일'을 이야기 할 때, 또는 '음악을 잘 듣는 방법' 등을 얘기할 때 등의 지식을 주는 강의를 말한다. 이러한 강의는 모두 정보를 청중들에게 알리는 것이기 때문에 실용적인 강의라 말할 수 있다.

1. 강의의 종류

 이에 반면 교훈적인 강의는 청중에게 감화를 주기 위한 것을 말한다. 가령, '우리는 지금 행복한가?' 라든가 '시간의 중요성' 등을 얘기할 때 청중에게 그러한 것이 왜 필요하고 우리는 그것을 위해 어떻게 살아가야 하는지에 대해 때로는 재미있게 때로는 진정성 있게 청중에게 다가가 깨달음을 주는 것이다.

 이처럼 강연은 중심이 무엇이냐에 따라 그리고 용도가 무엇이냐에 따라 다양한 종류로 나뉠 수가 있다. 따라서 어떠한 내용을 무슨 목적으로 전달하느냐에 따라 강연의 유형이 달라질 수 있는 것이다.

2. PPT 중심 강의

PPT 중심의 강의는 말 그대로 강의에 PPT가 차지하는 비중이 많을 때이다. 따라서 청중들이 PPT에 집중할 수 있도록 PPT를 구성하는 것이 중요하다.

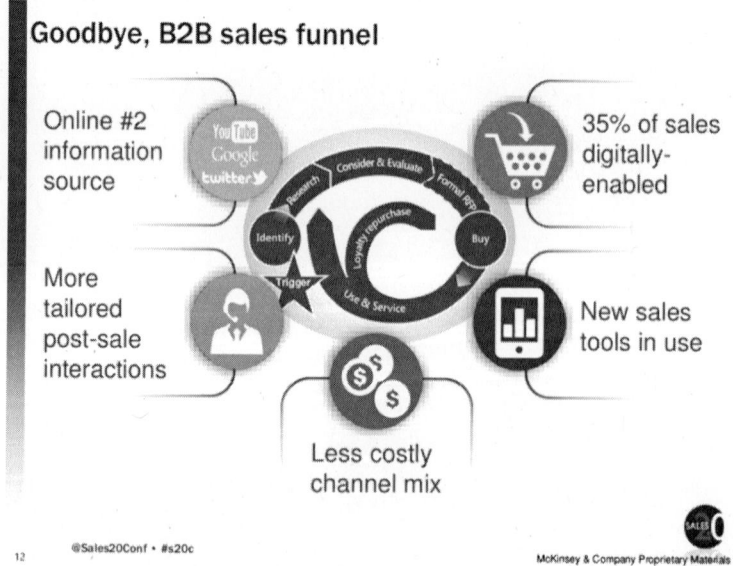

위의 PPT는 판매에 대한 소비자의 성향을 설명하는 PPT 내용이다.

소비자의 성향과 분석에 대해 인포그래픽 이미지로 나열식 설명을 하고 있

2. PPT 중심 강의

다.

 판매에 대한 부분을 인포그래픽 다이어그램으로 정렬한 후 원형 형태의 띠로 연결함으로써 통일성과 재미를 주고 있다. 사선이나 직선의 느낌보다 유려한 느낌을 살려서 부드러움과 현대적인 감각이 돋보인다. 전체적인 색의 중심은 빨강이고 그 빨강을 토대로 품목마다 그 특징에 맞는 색깔을 배열해서 통일성과 개성을 동시에 살리고 있다.

 PPT를 가지고 설명을 할 때는 발표자가 단순히 PPT를 읽는 것에 그치는 것이 아니라 청중들에게 그 의미를 상세히 설명하는 것이 좋다. 또한, 동영상이나 이미지를 활용해서 설명을 하면 보다 입체적이고 구체적으로 설명할 수 있다.

 PPT 위주의 발표에서 유의할 점은 발표자가 너무 PPT에 의존할 수 있다는 점이다. 물론 때에 따라서 PPT가 많은 차지를 할 수도 있지만, 자칫 발표자가 PPT에만 치중할 수 있어서 청중들과 교감을 하는 부분에 있어 소원해질 수도 있다.

 그렇기 때문에 청중들과의 교감을 어떻게 할지를 고민하면서 PPT를 만드는 것이 중요한 부분임을 유념해야 한다.

5 Rethink sales capabilities and leadership

Talent

Performance management

On-boarding

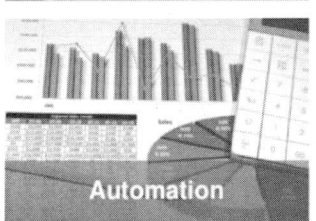
Automation

위의 디자인은 세일즈와 리더십에 대해서 설명하고 있는 PPT이다.

퍼포먼스와 자동화를 통한 세일즈와 리더십에 관해서 PPT를 통해 상세하게 설명하고 있다.

색채감을 통해서 세일즈 능력에 대한 색깔을 구체적으로 보여주고 있다. 또한, 세일즈를 중심으로 분야를 나눠서 색깔과 이미지로 구성해야 깔끔한 느낌을 주고 있다. 화면 왼쪽에 빨간색으로 포인트를 줘서 세련미를 더한 것도 심플한 구성에 재미를 줄 수 있는 좋은 디자인이라 할 수 있다. 이때 강사는 세일즈 업무에 대해 청중들에게 구체적인 예시와 비교로써 정확한 설명을 하는 것이 중요하다.

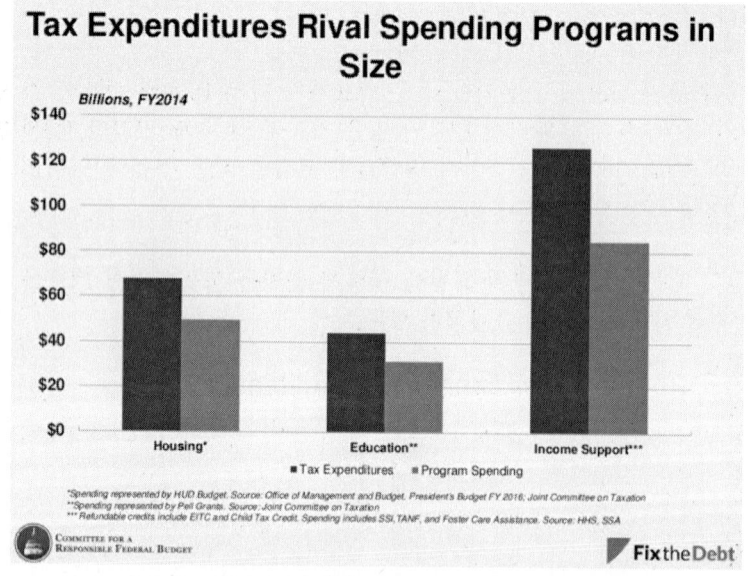

위의 내용은 도표를 통한 PPT이다.

세금에 대한 프로그램을 도표로 설명함으로써 보는 이로 하여금 이해를 돕고 있다. 그리고 이러한 도표로써 통계자료를 보여줌에 있어서 신뢰성을 높이기 위해 자료의 출처나 정확한 숫자로써 청중들에게 설득력을 높이는 것이 중요하다.

2. PPT 중심 강의

이처럼 PPT 위주의 강연은 PPT 내용에 중심을 둘 수 있도록 PPT에 충실하게 구성하는 것이 중요하다.

여기서 말하는 PPT에 충실하다는 의미는 '강사가 기획한 키워드와 스토리를 얼마나 적합하게 PPT에 담았느냐'는 것이다.

따라서 디자인 계획 단계부터 최종 단계까지 끊임없이 고민하고 수정하는 것이 더욱 완성형의 PPT 중심의 강의를 구성하는 현명한 방법이다.

3. 강연자 중심 강의

강연자 중심의 강의는 PPT 중심의 강의와는 반대로 강사에게 초점을 맞추도록 하는 것이다.

강의를 비롯한 교육이나 발표자가 돋보여야 할 때 주로 활용하는 형태의 강의형태라고 할 수 있다.

그렇기 때문에 가급적이면 PPT를 심플하고 간소하게 만드는 것이 좋다. PPT에 디자인이나 내용에 지나치게 투자를 하게 되면 강사보다 PPT에 집중할 수밖에 없기 때문에 강사에게 청중의 시선이 꽂힐 수 있도록 유념해야 한다. 그래서 강사의 스토리, 에피소드, 표현력이 더욱 중요할 수밖에 없다.

사실 10분 이상을 강연자 혼자 청중을 집중하게 하는 것은 상당한 능력이 필요하다. 스토리에 대한 참신함, 흥미, 진정성, 표현, 리듬과 템포 등이 수반되지 않으면 청중은 산만해지거나 흥미를 잃을 수밖에 없다. 영화를 보더라도 10분 이상을 집중한다는 것은 감독을 비롯한 스텝과 배우들이 음향, 편집, 촬영, 연기에 전념해야 겨우 가능한 일이다. 하물며 1인으로 청중을 이끌어가는 강사가 청중을 자신의 편으로 만들어 집중력을 잃지 않게 유도하는 것은 절대 쉽지 않은 일이다.

따라서 강연자 중심의 강의를 하려면 처음에는 3분 그리고 10분 이런 식으로 강의의 밀도를 높여서 점차 시간을 알차게 채워나가는 훈련이 중요하다. 그리고 청중이 집중할만한 스토리를 지속적으로 다듬어야 한다. 김미경

3. 강연자 중심 강의

이나 김창옥 강사의 강연을 보면 거의 강연자 중심의 강의인데 짧게는 10부터 많게는 2시간 동안 거의 혼자 무대에서 강연을 하는데 거의 지루할 틈이 없다. 그 이유는 첫 번째는 주제와 스토리가 너무 짜임새가 있기 때문이다. 그리고 두 번째로는 두 분의 표현이 너무 좋기 때문이다. 김미경 강사의 경우 스토리를 에피소드로써 푸는 능력이 정말 뛰어나다. 그래서 청중들은 김미경 강사의 이야기에 집중을 하고 공감을 할 수밖에 없다. 왜냐하면 김미경 강사의 경우 정말 청중이 공감할 수 있는 에피소드를 만들어 청중의 마음을 제대로 꿰뚫고 침투하기 때문이다. 마치 눈 녹듯이 청중의 방어벽을 허물어뜨리는 에피소드가 강점이다.

김창옥 강사의 경우 표현력의 달인이다. 큰 눈에서 뿜어져 나오는 부드러운 카리스마와 이야기의 완급조절 그리고 상황재연에 있어서 너무나 흥미와 재미를 주기 때문에 청중은 숨을 죽이며 그의 강의에 빠져든다.

Tip - 이처럼 강연자 중심의 강의는 강사의 음성, 눈빛, 표정, 제스처가 너무나 중요한 부분이 되므로 PPT는 간결하게 구성하는 것이 무엇보다 중요한 일이다. 발표자 중심의 프레젠테이션은 발표자의 이성적 감성적 설득이 매우 중요한 역할을 하기 때문에 청중의 마음을 침투할 수 있도록 시선부터 제스처까지 하나하나의 과정에 심혈을 기울여야 한다. 또한 흡인력 있는 감정표현, 화술이 될 수 있도록 리듬과 템포부분에서 각별히 신경을 써야 한다.

4. 실용적인 강의

　실용적인 강의라는 것은 청중들에게 필요한 지식을 주어서 실생활에서 활용할 수 있는 것을 말한다.

　가령, 피아노 연주를 잘하는 법, 건강을 유지하는 비법, 말을 잘하는 방법 등이 이에 해당할 수 있다. 따라서 강의를 할 때는 청중이 정확히 이해를 할 수 있고 체득을 할 수 있도록 분명하고 쉽게 설명하는 것이 중요하다.

　그렇기 위해서 질문의 방법과 청중 참여 방식이 실용적인 강의에서는 매우 유용할 수 있다. 가령, 질문을 통해 청중의 궁금증과 이해가 가지 않은 부분에 대해 명확히 집어주는 것이다. 아무리 설명을 잘한다 하더라도 청중의 입장에서는 잘못 이해할 수 있는 부분이 있기 때문에 그러한 부분을 명확히 하는데 있어서 질문은 좋은 역할을 할 수 있다.

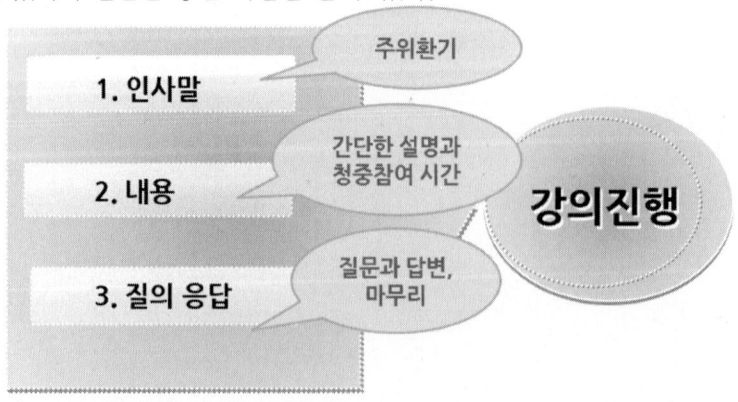

4. 실용적인 강의

<u>여러분. '들리는 것'과 '듣는 것'의 차이를 알고 계세요?</u> (흥미유발)
맞아요. '들리는 것'은 말 그대로 귀가 있기 때문에 들리는 것을 말하는 거구요, '듣는 것'은 귀를 기울여 듣는 것을 말하는 거에요. 즉, 우리가 말하는 경청은 <u>들리는 것이 아니라 듣는 것을 말하는 거죠.</u> (강조)
<u>경청은 세 가지의 포인트가 있어요.</u> (요약)첫 째는 진심으로 들어야 하는 겁니다. 둘 째는 마음으로 공감해 주는 것입니다.
마지막으로 몸으로 표현해 주는 겁니다.

  위의 내용은 '경청을 하는 방법'을 가지고 설명하는 실용적인 강의이다. 그 중 오프닝에 해당하는 내용이다. 강사는 '들리는 것'과 '듣는 것'의 차이를 통해 경청의 방법에 대해 구체적으로 설명하고 있다. 이처럼 실용적인 강의에서는 청중의 이해를 구체적으로 도모해서 청중이 적용할 수 있도록 강의안 구성 및 전개를 하는 것이 중요하다. 나중에 강의가 끝나고 어떻게 적용하는지 모호하거나 구체적인 설명이 되지 않을 경우에는 효율적인 강의라 할 수 없기 때문이다.

  Tip - 실용적인 강의에서 중요한 부분은 '청중이 무엇을 얻어 가는가?'이다. 청중의 입장에서 배워가는 것이 무엇이며 어떻게 해야 제대로 전달할지를 고민해야 한다. 그렇기 때문에 특히 실용적인 강의에서는 청중이 직접 참여할 수 있도록 실습을 하거나 청중이 많을 경우에는 대표적인 그룹을 만들어서 실습할 수 있는 기회를 제공해야 한다. 또한, 질문을 통해 청중이 제대로 이해하고 있는지를 확인해야 한다.

5. 교훈을 주는 강의

교훈적인 강의라는 것은 청중들에게 감화나 깨우침을 통해 마음의 울림을 주는 것을 얘기한다.

예를 들어, '행복'이라는 주제를 얘기한다면 우리가 현재 느끼는 행복감과 다양한 사례를 통해 행복에 대한 것을 얘기하면서 청중에게 '왜 우리가 행복해야 하는지'에 대한 물음표나 생각을 심어줌으로써 강의가 끝난 후 마음 한 켠에 무언가를 느끼게 하는 방식이다.

그렇기 위해서는 주제에 대한 강사의 지식과 생각의 깊이가 충분해야 한다. 그리고 말하고자 하는 주제에 대한 진정성이 있어야 한다. 그러한 진정성을 바탕으로 시선, 화술, 제스처를 바탕으로 청중에게 가슴의 울림이 있도록 전파를 해야 한다. 마치 목회자가 신도들의 설득을 이끌어내기 위해 진정

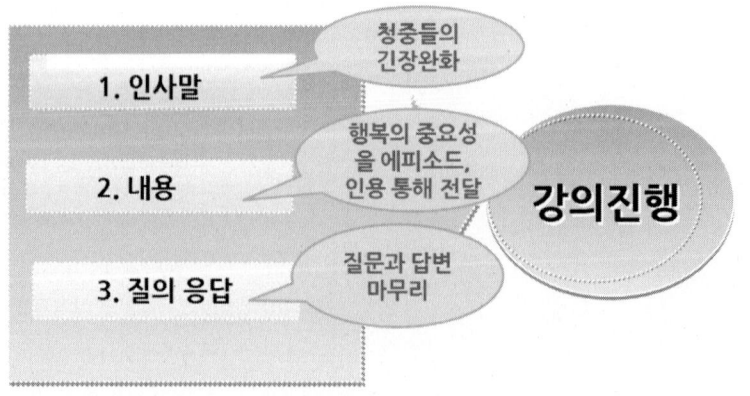

5. 교훈을 주는 강의

오늘 아침에 눈을 떴는데, TV에서 발라드 음악이 나오더라구요.
그냥 제가 음악을 들을 수 있음에, 그리고 제가 소소한 행복을
느낄 수 있음에 감사한 아침이었습니다.(에피소드)
사실 전 한 때, 여러 가지 상황 때문에 심한 우울증에 시달려,
'이대로 죽을 수도 있겠구나'라는 생각이 든 적이 있었습니다. (강조)
그 때 친구가 저에게 이런 말을 했습니다. "네가 죽었다고
생각해. 그리고 10년의 삶이 주어졌다고 생각해. 어때?(예시)
감사하지?" 그 친구는 그 후 저의 멘토가 됐습니다.
행복이라는 것도 생각하기 나름 같습니다.

성과 깊이를 더해 설명하듯이 울림을 주기 위한 노력이 필요하다.

위의 경우에는 자신의 에피소드로 '행복의 소소함'을 역설하고 있다. 즉, 강사가 자신이 우울증에 시달렸을 때 '그 우울감은 스스로 만드는 것이고 생각을 바꾸면 행복은 다시 온다.;라는 것을 친구의 말을 통해 역설적으로 표현하고 있다. 자신의 에피소드로 진정성 있게 설명하면 할수록 더욱 이야기는 공감과 설득을 얻을 수 있다. 청중의 마음을 울리는데 있어서 자신의 에피소드만큼 좋은 것은 없다. 왜냐하면 사람들은 진심을 듣고 싶어 하고, 진심을 통해 전달을 받고 싶어 하는 심리가 있기 때문에 자신의 이야기를 교훈을 삼거나 타산지석 삼아서 얘기하는 것은 교훈을 전달하는데 있어 아주 좋은 방법이라 할 수 있다.

Tip - 교훈을 주는 강의는 다시 말하면 청중에게 감화를 주는 것이다. 어떤 지식이나 깨우침을 통해 청중을 깨닫게 해주는 것이다. 그런데 자칫 주제가 무거워지거나 전달에 있어서 청중에게 지속적으로 압박을 줄 수 있기 때문에 오프닝부분에서 청중의 긴장을 완화할 수 있도록 에피소드나 유머를 섞어서 얘기하는 것이 좋다.

6. 재미있는 강의

일단 강의가 교훈이나 지식을 전달하건 간에 강의가 재미가 없으면 청중은 딱딱함을 느끼기 마련이다. 그래서 요즘에는 '스팟 강의'라는 것이 많은 영향력을 미치고 있다. 즉, 강의의 요점을 전달하기 전 단계에 청중의 냉랭함을 없애주는 강의를 말한다. 강의가 재미있으면 강사가 원하는 요점을 청중에게 잘 파고들 수 있다. 재미있는 강의는 두 가지로 나눌 수 있다. 한 가지는 준비된 유머로써 강의를 풀어가는 것이다. 요컨대, 강사가 미리 엄선된 유머 중에 상황에 맞는 이야기를 풀어나가는 것이다.

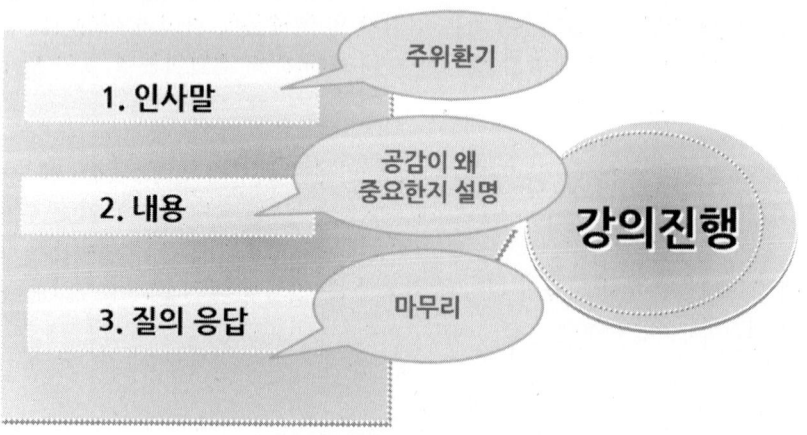

6. 재미있는 강의

여러분. 세상에서 가장 빠른 닭이 무슨 닭인지 아세요? (흥미유발)
그것은 '후다닥'이죠. 그럼 가장 팔팔한 닭은요? 맞습니다.
'팔닥팔닥'입니다. 그렇다면 세상에서 가장 따뜻한 닭은요?
바로 '토닥토닥'입니다. 이렇게 삭막한 세상에서 서로를 (강조)
아끼며 토닥토닥 해주는 것이야말로 상대방에겐 가장
큰 위로가 되겠지요. **지금 주위를 둘러보세요.** 내 가족, (주위환기)
내 친구 그리고 내게 가장 소중한 사람들... 그 분들에게
토닥토닥 용기를 심어 주세요.

위의 이야기처럼 미리 준비된 유머로써 주위를 환기하는 방법이 있다. '소통'에 대한 주제를 얘기할 때 그 주제에 맞는 유머를 '닭'이라는 언어유희를 통해 얘기하고 있다. 유머를 만드는 기법 중 대표적인 방법이 '격차'와 '의외성'이다. 위의 경우는 언어유희를 통한 의외성을 통해 재미를 주는 방식이다.

미리 준비한 유머가 아닌 경우에는 '애드리브'라는 즉흥적인 재미를 주는 경우도 있다. 역시 격차와 의외성과 상상력을 바탕으로 강의를 하다가 청중의 빈틈이나 상황에 맞게 유머를 구사하는 방식이다.

가령, 청중의 한 분 가운데 '자기소개 한 번 해 주세요.'라고 부탁을 했는데 그 분이 '저는 창피해서요.'라고 대답을 하면 '그럼 저 분은 Unknown'이네요. 라고 말을 하는 것이다. 또는 스스로 강의를 하는 경우에서도 마찬가지이다. 가령, 강사가 스스로 땀을 흘리고 있는데 "사우나에 와 있는 것 같네요.", "혼자만 열탕에 있는 것 같네요."라고 얘기를 하면서 자연스럽게 분위기를 완화시키는 것이다.

그 두 가지의 경우가 잘 섞여 있을 때 청중에게 재미를 줄 수가 있다. 애드리브에만 의존하는 재미를 주는 강의는 자칫 경우의 수가 발생될 수 있기 때문에 준비된 유머나 PPT를 통한 것과 애드리브를 동시에 잘 활용해서 적재적소에 맞는 유머를 구사하는 것이 좋다.

프로강사가 되는 법

Tip - 재미있는 강의를 하려면 세 가지가 필요하다. 첫 번째는 유머를 많이 수집해야 한다. 아무리 유재석, 신동엽과 같은 재미있는 명사회자라 하더라도 즉흥 애드리브는 한계가 있을 수밖에 없다. 그렇기 때문에 적재적소 상황에 맞는 유머나 재미있는 에피소드를 많이 알고 있어야 재미있는 강의를 할 수 있다. 또한, 청중의 반응에 따라서 지속적으로 에피소드를 다듬는 것이 중요하다. 두 번째는 리액션이 좋아야한다. 청중만 리액션이 좋아야 한다는 생각은 금물이다. 강사 역시 청중의 반응에 같이 호응해줘야 하고 경청해야 한다. 그래야 거기에 맞는 재미가 생길 수 있다. 마지막으로 강사의 기분이 좋아야 한다. 아무리 좋은 에피소드와 호응을 하더라도 강사가 그날 기분이 좋지 않으면 표정이나 비언어에서 티가 나기 마련이고 그러한 기를 청중은 고스란히 받는다. 내가 기분이 좋아야 상대방도 기분이 좋고, 내가 편안해야 상대방도 편해진다. 이것은 강의에서도 마찬가지이다.

7. 감동을 주는 강의

 울림이 있는 강의만큼 청중에게 메시지를 주는 경우는 없다. 강의에서 청중을 울리는 감동을 주려면 주제에 관한 '통찰력'이 있어야 한다. 그리고 그 통찰력은 오랜 시간 동안 연구와 생각을 갈고 닦으면서 생기는 능력이기 때문에 마치 숙성된 와인처럼 생각의 깊이를 더 할수록 생기는 부분이다.

 그러한 통찰력을 가지고 주제를 삼았다면 그 주제를 강사의 진심이 담긴 마음으로 진정성 있게 청중에게 다가가야 한다. '진정성'만큼 울림을 주는 것은 없다. 그 진심이 중요하기 때문에 강사들이 자신의 에피소드나 성장과정을 얘기하는 것이다. 필자 역시 자신의 얘기를 하는 것을 좋아하지 않는 성향이 있지만 결국 나 자신의 이야기보다 더 감동을 주는 것은 없다는 것을 알고 난 후에는 상황에 맞게 스스로의 이야기를 풀 때가 많다.

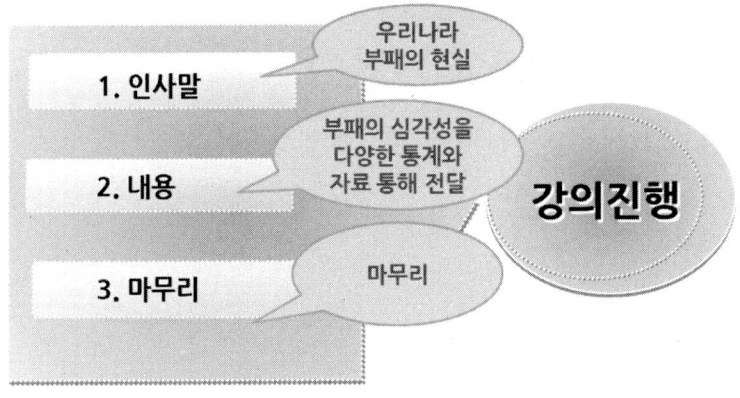

우리나라, 대한민국 모두 알고 있으시겠지만, 건국이래 가장 큰 위기
라고 하죠. 그 이유는 바로 '부패'에 있다고 말할 수 있습니다. (근거)
올 한해 정말 커다란 사건사고가 있었는데, 그것보다 더 큰 충격은 그
안에 있는 학피아, 관피아 등의 부정부패였습니다.   (강조)
어쩌다가 우리나라가 OECD국가 중에서 부패지수가 상위권에
링크될 정도가 되었을까요? 문제는 간판주의, 결과주의가 우리나라
에서 팽배하면서 과정과 원칙은 무시되어도 된다는 안일한 생각 때문
입니다. (결론)

위의 강의는 '대한민국의 부패'에 대해 통렬하고 냉철하게 얘기하고 있다. 지금 현재 대한민국에서 지니계수라고 얘기하는 불평등 지수는 거의 OECD국가 중에서도 최하위에 머무르고 있다. 그리고 사람들이 투명하게 기회를 얻는 것이 아니라 부패로 인해 기회를 박탈당하거나 소외감을 들게 하는 것이 문제라는 것을 통렬하게 얘기하고 있다.

Tip - 감동을 준다는 것은 정말 복합적으로 청중의 마음을 흔들어야 가능하다. 스토리의 통찰력과 진정성 그리고 강사의 흥미를 유발할 수 있는 에피소드와 설명 마지막으로 리듬과 템포의 화법과 비언어를 통한 마음을 사로잡는 설득이 있어야 청중의 마음을 사로잡을 수 있다. 그렇기 위해서 강사는 자신의 콘텐츠를 끊임없이 연구해야 하고 강의를 거듭하면서 다듬어야 한다. 기획 단계부터 스토리의 힘과 스토리를 풀어가는 방법 그리고 강의력을 키우기 위한 표현을 치열하게 고민해야 한다. 김창옥 강사의 리듬과 템포를 눈여겨보아야 하고 김미경 강사의 스토리를 전달하는 방법을 심도 있게 관찰해야 한다. 결국은 강사가 얼마나 고민을 하고 얼마나 청중의 마음을 읽기 위한 노력을 했느냐에 따라 감동의 깊이는 달라질 수 있다고 말할 수 있다.

7. 감동을 주는 강의

PART 6. 프로강사가 되는 법

1. 프로강사가 되는 법

　프로강사가 만큼 나이와 시간에 구애받지 않고 자신의 능력을 펼치는 직업도 드물다. 확실한 콘텐츠와 강의력을 갖춘다면 1인 기업으로써 우리가 흔히 얘기하는 부와 명예를 모두 갖출 수 있다. 실례로 상위 10%의 프로강사의 경우 모두 억대 연봉을 받고 있다.

　물론 모든 것을 연봉으로 평가하는 것은 어불성설이지만 프로강사라는 직업이 마치 바다에서 다양한 기술로 어획량을 늘리는 것처럼 자신의 능력에 따라 상상이상의 호사를 누릴 수 있다.

　하지만 그 이면을 살펴보면 자신만의 콘텐츠와 기획력와 강의력이 부족하다면 강의라는 바다에서 아무것도 건질 수가 없을 수도 있다.

　만약 당신이 프로강사가 되려고 한다면 절대 돈을 버리지 말고, 콘텐츠를 기획하고 개발하고 닦는 데에 1년만 투자하라. 당장은 수확이 보이지 않지만, 마치 스위스 구좌에 돈을 저축하듯이 어느새 자신의 노력이 성과를 이루는 날이 분명히 올 것이다.

2. 강의 기획을 하는 방법

강사로써 유명해지거나 그 분야에서 전문가가 되려면 콘텐츠가 확실해야 한다. 즉, 내가 청중에게 말하고자 하는 것이 무엇인지 청중이 얻어가는 것이 무엇인지를 구체적으로 생각해야 한다.

청중의 가려운 곳을 긁어줄 수 있는 강의콘텐츠, 청중이 공감을 얻을 수 있는 그런 주제에 대한 통찰력을 가질 수 있어야 한다.

예를 들어, 핸드폰을 생각해보자. 두 가지의 경우를 생각해 볼 수 있다. 한 가지는 청중이 원하는 핸드폰이다. 핸드폰에서 가장 중요한 부분은 전화를 잘 받고 통화를 잘 할 수 있는 성능이다. 그리고 디자인이다. 대중이 원하는 세련된 다자인에 통화음질과 다양한 성능을 추가한다면 금상첨화일 것이다.

그런데 반대로 청중을 이끌어갈 수 있는 핸드폰을 생각할 수도 있다. 그것이 바로 스티브잡스가 고안했던 컴퓨터가 폰으로 들어가는 '스마트폰' 이다. 스마트폰은 대중들이 원하는 것을 만든 것이 아니라 대중을 앞서가는 선구자적인 콘텐츠라고 할 수 있다.

강의기획도 마찬가지이다. 지금 청중들이 원하는 것, 가장 가려운 곳을 긁어주는 것도 있지만 청중을 이끌어 갈 수 있는 선구자적인 강의콘텐츠를 만드는 것도 중요하다.

 가 되는 법

3. 강의 교안 만드는 기법

강의를 잘하기 위해서 교안이 있어야함은 너무나 당연한 얘기이다.

물론 어떤 강의냐에 따라 교안이 필요 없는 경우도 있지만 교안은 자동차에서 내비게이션 역할을 하기도 하고, 훈련에서의 교보재 역할을 한다. 그렇기 때문에 강의를 잘하기 위해서 강사 스스로도 그리고 청중을 위해서도 명확하고 깔끔한 교안을 만드는 것은 꼭 필요한 일이다.

> 1. PPT 위주인가 발표자 위주인가?
> 2. PPT의 전체 레이아웃은?
> 3. 도표? 동영상? 이미지? 글?

스토리텔링이 구성이 되면 그 이야기에 맞게 스토리보드를 만들어야 한다. 여기서 스토리보드란 이야기를 디자인하는 것을 의미한다. 쉽게 말해 슬라이드를 얘기하는 것이다.

스토리보드는 스토리텔링을 기반으로 먼저 레이아웃을 만들고 그 레이아웃을 바탕으로 표나 이미지 등의 다이어그램이나 동영상을 활용해서 화면구성을 하는 것이다. 따라서 하나의 스토리텔링에 파생되는 스토리보드는 적게

3. 강의 교안 만드는 기법

는 1개서 5개 이상으로 구성될 수 있다.

정확한 정보를 제공하는 강의에서는 수치와 통계를 이용한 신뢰를 줄 수 있는 정확한 정보를 객관적으로 명확하게 전달하는 것이 중요하다.

보통, 30분 정도의 교안을 만들 때는 30슬라이드 정도의 분량이 적당하다. 즉, 1슬라이드에 1분 정도가 소요된다고 생각하면 좋다. 먼저, 어떠한 주제를 명확히 보고할 것인지에 대한 부분을 계획해야 한다. 강의에 참석하다보면 강사가 가끔 어떤 내용을 얘기하는 것인지 불명확해 보일 때가 많다. 가령, '한국의 부패지수'를 하는데 부패의 원인과 실태에 대한 것은 통일성이 있지만, 미디어의 중요성과 인구문제 등은 부패지수와는 다른 소재이기 때문에 집중력을 떨어뜨리는 요인이 될 수 있다. 즉, 스토리의 일관성과 축약성에 대한 부분을 꼼꼼히 신경 써야 한다.

또한, 정확한 자료를 바탕으로 스토리를 만들어야 한다. 출처는 명확히 밝히고 어떤 부분을 강조해야 할지를 생각하고 나서 그 강조된 부분을 바탕으로 설명이 이뤄지는 방식으로 슬라이드를 끌어가야 한다. 간혹 어떤 부분을 강조하는지가 불분명해서 설득력이 떨어지는 경우가 있다. 원칙적으로는 하나의 슬라이드에 하나의 강조를 하는 것이 맞지만, 때로는 시간적인 제약이 있기 때문에 하나의 슬라이드에 2~3개 정도를 강조하는 것도 나쁘지 않다.

먼저 강의가 PPT중심인지 발표자 중심의 강연인가에 따라 교안을 달리할 필요가 있다. 만약 교안이 PPT중심이라면 거기에 맞는 전체 레이아웃을 구

1. 제목(이미지)	2. 목차(목록형 다이어그램)	3. 도표(도표형 다이어그램)
4. 동영상	5. 현황(설명형 다이어그램)	6. 문제점1(이미지)
7. 문제점2(이미지)	8. 해결책(프로세스)	9. 마무리(동영상)

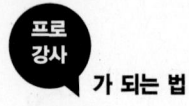

성해야 한다.

 PPT를 만드는데 서툴다면 당연히 파워포인트 기술과 프로그램에 대해 알아야 한다. 요새는 포토샵과 파워포인트는 기본이기 때문에 특히 1인 기업의 프로강사의 경우에는 그러한 기술도 필히 익혀야 다양한 교안을 구성할 수가 있다. '보기 좋은 떡이 먹기도 좋다.' 라는 말은 그냥 나온 것이 아니다. 청중이 보기에 교안 디자인이 심플하면서 세련되면 더욱 집중이 될 수가 있기 때문에 디자인 역시 신경을 써야 한다.

 교안을 구성할 때 또 우리가 생각해야 하는 부분은 '리듬과 템포' 이다. 예를 들어, 처음부터 끝까지 동영상으로만 이뤄졌거나 지나치게 표가 많다면 집중하기가 어렵다. 스토리보드를 어떻게 구성하느냐에 따라 달라지겠지만 정적인 부분과 동적인 부분 그리고 집중해야 하는 부분과 재미를 주는 부분을 구체적으로 생각해서 거기에 맞게 때로는 표로 어떤 부분은 다이어그램으로 또는 동영상으로 스토리를 나타내야 한다.

 우리가 음악을 들을 때 똑같은 리듬이나 박자로 이뤄지면 흥미가 떨어지고 집중이 약해지는 이유와 같다. 그렇기 때문에 청중의 입장에서 강함과 약함, 빠름과 느림 등의 템포를 조절해서 거기에 맞는 구성과 디자인을 하는 것이 중요하다.

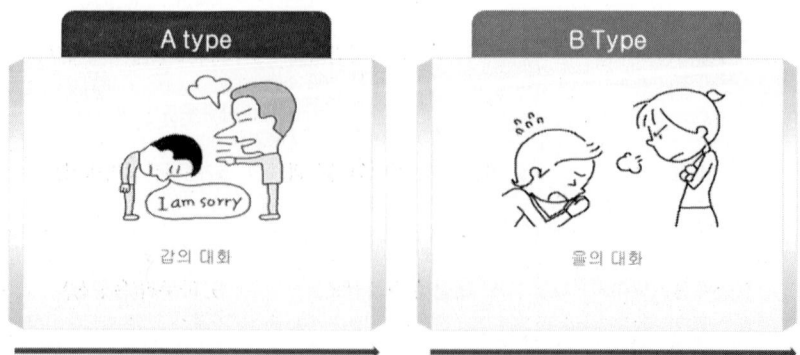

3. 강의 교안 만드는 기법

다음은 PPT에서 가장 중요한 도형(다이어그램)을 구성하는 방식에 대해 잠시 얘기해보자.

위의 다이어그램은 '갑과 을'의 대화를 나타내는 형식을 비교를 통해 보여주는 도형이다.

비교형의 다이어그램은 각각의 상황과 이미지를 동일한 형식으로 보여줌으로써 서로의 이야기를 통일성 있게 이해하는데 적합하다.

위의 다이어그램은 갈등의 상황을 설명하는 도형이다. 유형을 A와 B로 나눠서 각각 어떻게 갈등이 생기는지에 대해 구체적으로 설명할 때 적합하다.

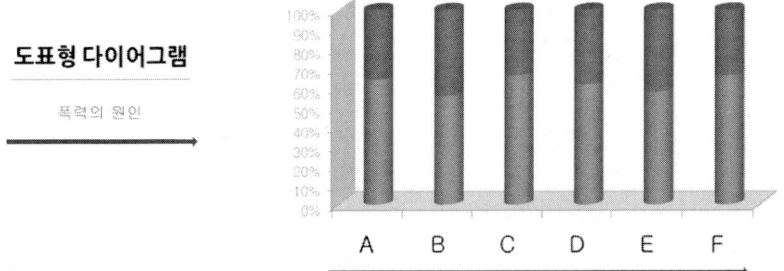

이미지로 갈등을 구체적으로 나타낼 수 있는 상징을 보여주고 그것을 클릭할 때 구체적인 설명으로 이어지게 만드는 것이 효율적일 수 있다.

도표 형 다이어그램은 숫자나 통계를 구체적으로 보여주는데 적합하다. 구체적인 수치를 보여주는 것만큼 신뢰를 주는 것은 없다. 그렇기 때문에 실적이나 현황 등을 수치화할 때 도표 형 다이어그램은 최적화된 양식을 보여줄

수 있다. 이때는 구체적인 출처와 조사를 어디서 했는지에 대해 제시를 해야한다. 그래야 청중이 신뢰를 갖고 도표를 볼 수 있다.

동영상은 어떤 주제나 예시를 설명할 때 평면적이 아닌 입체적으로 설명할 수 있기 때문에 청중의 이해를 도모하는데 가장 구체적인 방법일 수 있다. 주로 흥미를 주거나 보다 신뢰도를 높이기 위해서 활용할 수 있다. 다만, 동

Don't crowd the slide

Let your content breathe

3. 강의 교안 만드는 기법

영상이 지나치게 길거나 자주 활용할 경우 강사로부터 시선을 뺏기기 때문에 자칫 지루할 수도 있다. 또한, 동영상의 내용이 산만하거나 신선하지 않을 경우도 안하느니 못한 결과를 초래할 수도 있기 때문에 그러한 점을 고려해야 한다.

다음은 다이어그램이나 인포그래픽을 활용한 다양한 PPT를 만나보자.

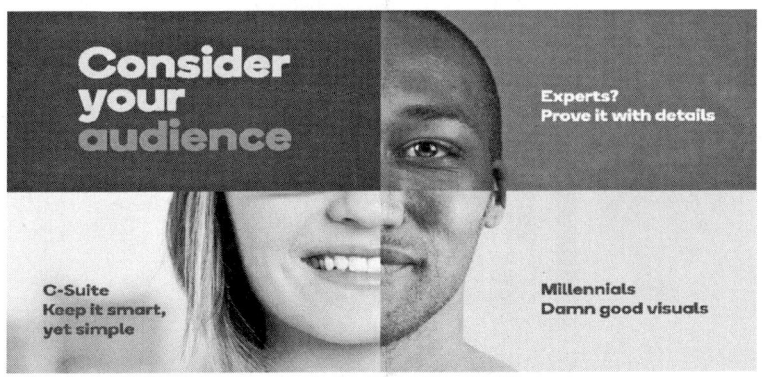

글을 가지고 가독성을 중점적으로 나타내서 내용을 강조하고 있다. 슬라이드를 꽉 채우지 말라는 의미를 글의 가시성을 높게 해서 역설적으로 보여주고 있다. 간단히 설명할 것을 부각시켜 기억할 것만 보여주라는 의미를 검정 글씨로 단순하면서 강렬하게 나타내고 있다.

지구본을 들고 있는 남자의 모습에서 남자의 모습은 포커스 아웃을 시켜서 지구본을 손으로 감싸고 있는 지구본이 더욱 집중이 되는 이미지이다. 위의

143

PPT는 이미지를 돋보여서 내용을 강조하고 있다.

청중을 고려하라는 문구의 가독성이 돋보인다. 그리고 이미지를 중심에 배치하면서 다양한 인종의 느낌을 색감으로 처리하고 있다. 즉, '전 세계인

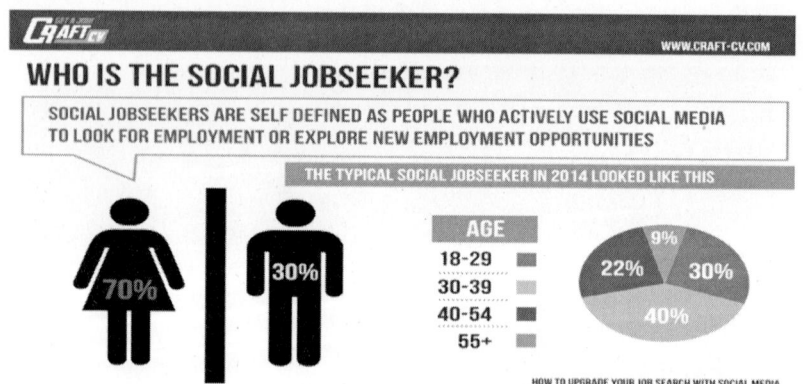

모두에 해당한다.'는 의미를 부여하면서 인종과 피부색은 다르지만 전문성과 디테일, 스마트한 생각이 중요하다는 것을 역설하고 있다. 상징성을 깔끔하게 색감과 글씨를 표현한 PPT라고 할 수 있다. 설명이 많을수록 산만해진다는 것을 꼭 명심하자.

고용주들이 모집을 위한 소셜미디어 사용에 대한 설문조사 결과를 인포그래픽으로 나타내고 있다. 이미지로써 설명의 상징성을 보여주고 수치로써 정확한 통계를 보여주고 있는 깔끔한 디자인이라 할 수 있다. 이때 너무 많은

3. 강의 교안 만드는 기법

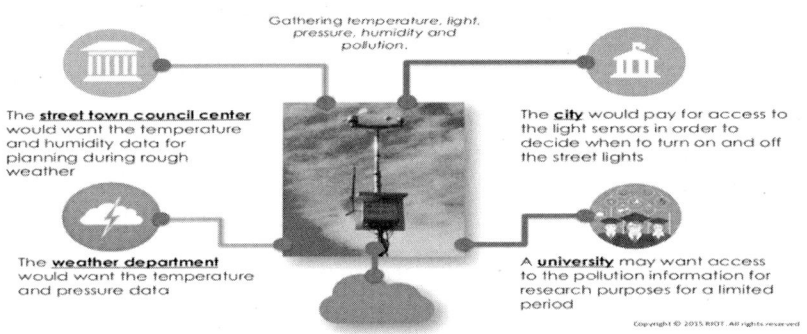

설명을 보여주면 가독성이 떨어지기 때문에 그러한 점을 유념해야 한다.

일자리를 구하고 있는 비율에 대해 성별, 연령대로 나누어 설명하고 있다. 역시 통계와 수치를 활용해 구체적인 비율을 보여주고 있다. 이때 성별에 대한 이미지와 나이에 대한 이미지를 위의 경우엔 색의 대비로써 보여주고 있다. 이처럼 이미지는 깔끔하게 대표성을 보여줘야 하고 색깔이나 이미지로써 대비를 정확하게 보여줘야 가독성을 높일 수 있다.

Iot 센서에 대한 설명을 이미지를 포함한 인포그래픽으로 설명하고 있다. 역시 이미지를 상징화해서 간결하게 나타내고 있고 전체에서 부분으로 선 다이어그램으로 나눠서 보여주고 있다. 그리고 각 이미지에 대한 설명을 글씨로서 간략하게 나타내고 있다. 여기서 이미지가 너무 많거나 설명부분이 장황하게 되면 가독성과 가시성이 떨어지기 때문에 그러한 점은 유념해야 한다.

강의 교안을 잘 만들려면 먼저 강의에서 말하고자 하는 주제와 핵심키워드를 분명히 해야 한다. 그리고 주제에 따라서 스토리보드를 만들고 스토리보드를 리듬과 템포를 고려해서 동영상, 이미지, 다이어그램, 에니어그램, 인포그래픽 등의 표현을 생각해서 각각의 주제와 내용에 맞게 구성해야 한다. 그리고 점점 기술이 발달하고 있기 때문에 앞으로는 더 많은 표현기법과 수단이 등장할 것이므로 그런 부분에도 귀를 기울여야 한다.

좋은 프로강사가 되려면 강의교안을 꾸준히 다듬어야 한다. 청중의 니즈에 맞게 지속적으로 다듬을수록 교안의 세련미와 집중도가 더해질 것이고 그것은 좋은 강의를 하기 위한 하나의 방법으로 이어질 것이다.

4. 제안서 보내는 방법

 아무리 강의를 잘하고 콘텐츠가 좋다고 해도 강의를 할 수 없다면 그것은 무의미하다. 강의를 한다는 것은 청중이 있는 곳에서 강사가 자신의 역량을 발휘해서 설득을 하는 것이기 때문에 내 강의를 알리는 것은 더할 나위 없이 중요하다.

 그렇기 위해서 제안서가 필요한 것이다. 제안서를 보내는 방법은 직접적인 방법과 간접적인 방법이 있다.

 직접적인 방법은 강의를 하는 곳을 찾아가서 제안서를 내는 것이다. 그렇다면 강의를 하는 곳이나 직접적으로 만들어주는 곳은 어디인가? 그곳은 방송이 될 수도 있고, 기업이 될 수도 있으며 단체가 될 수도 있다. 따라서 프로강사가 되려면 그러한 정보력도 많이 갖추고 있어야 한다. 방송의 경우에는 예전에는 '강연 100도씨'가 있었는데 지금은 방송이 끝났고 케이블 기독교방송에서 '세상을 바꾸는 시간'이라는 프로그램이 있다. 기업의 경우는 인사과 중에서 교육팀이 있는데 바로 거기서 교육을 만들고 연결해주고 있다. 기업의 인사과와 교육팀 쪽으로 이메일이나 연락을 취해서 연결이 되는 경우가 있다.

 하지만 반대로 생각을 한다면 만약, 본인이 교육팀 직원이라면 수십 명에서 수백 명 앞에서 강의나 강연을 해야 하는데 검증이 되지 않거나 콘텐츠나 강의력이 좋지 않은 강사를 채용할 일이 없다. 그렇기 때문에 거기에 맞는 강의력과 기획력이 있어야 하고, 제안서를 보낼 때 가령, 주제가 '리더십'

이라면 막연히 리더십이라는 콘텐츠가 아니라 어떤 리더십을 말할 것인지 그리고 이 강연이 이 회사의 직원에게 왜 필요한지에 대한 적합성과 타당성이 분명해야 관심을 끌 수 있다.

간접적인 방법은 기업과 단체를 연결해주는 컨설팅업체를 찾는 것이다. 마찬가지로 컨설팅업체가 나에게 관심을 가지려면 강사의 매력과 더불어 콘텐츠의 흥미와 독특함 그리고 강의력이 뒷받침 되어야 한다. 우리가 영화를 볼 때 영화티켓을 사는 경우는 거의 두 가지이다. 하나는 감독이나 배우가 검증되어있는지, 그리고 스토리가 흥미가 있는지의 여부이다. 강의제안서도 마찬가지이다. 강사의 매력이 있게 만드는 제안서가 필요한 이유이다. 그리고 콘텐츠의 흥미를 보일 수 있는 독특함과 정교함이 있어야 한다. 그렇기 위해서는 다른 프로강사의 강연에 많이 참여해서 왜 그 강사가 인기가 있고 기업이나 단체에서 계속 불려지는지를 분석하고 파악해야 한다.

5. 강의 시 점검해야 할 일

　강연장에 가기 전에 노트북을 사용할 수 있는지, USB를 지참해야 하는지 빔 프로젝트인지 아니면 LCD인지 조명은 밝은지 강당이 넓은지 마이크 작동은 잘되는지를 꼼꼼히 살펴보아야 한다. 실제로 발표 당일에 갔더니 생각했던 음향상태가 아니어서 또는 마이크가 제대로 작동되지 않아서 애를 먹는 경우가 많다.

　또는, 인터넷이 되지 않아서 동영상 링크가 열리지 않아서 난감했던 경우도 있었다. 따라서 사전에 관계자와 통화를 통해 그러한 부분을 미리 점검하거나 또는, 직접 찾아가서 실제로 점검하는 것이 좋다.

　빔 프로젝트의 경우 요새는 신기술이 많이 나와서 형광등 상태에서도 잘 보이는 경우가 많지만, 때로는 시야를 가리는 경우가 많기 때문에 그러한 부분 역시 철저히 점검해야 한다. 그런 빔 프로젝트의 환경일 때는 불을 끄고 진행을 한 다음 청중을 참여시킬 때는 맨 나중에 불을 켜고 참여시키는 것이 좋다. LCD의 경우에는 빔 프로젝트에 비해 가독성이 더 좋기 때문에 불을 켜 놓고도 시야가 확보되는 경우가 많다.

　하지만 화면 자체가 빔 프로젝트에 비해서 작은 경우가 많기 때문에 그러한 점 역시 고려하는 것이 중요하다. 가끔 시간에 촉박해서 강의를 하는 강사들이 있다. 그러한 경우에 심리적으로 쫓기다보니 제대로 된 강의를 하지 못하거나 실수를 범할 가능성이 높아진다. 아무리 PPT를 잘 만들고 강의를 수없이 연습했다 하더라도 발표 당일 실수를 범하면 그동안의 노력이 물거품

이 되고 만다.

 따라서 적어도 30분 전에는 장소에 도착해서 음향 상태와 조명 그리고 PPT를 마지막으로 점검하고 동선을 최종적으로 점검하는 것이 최상의 프레젠테이션을 위한 최선의 방법이다.

6. 명강사가 되기 위한 4가지 조건

　프로강사라는 직업은 분명 매우 흥미 있는 직업이다. USB만 있으면 어디든 갈 수 있고 시간당 벌어들이는 수입도 유명해지면 질수록 타의 추종을 불허하며, 시간대비 효율측면에서도 고효율의 직업이라 할 수 있다. 또한, 다른 직장에서처럼 상사나 팀장의 눈치를 볼 필요도 없는 매우 초연한 직업이라고도 할 수 있다.

　하지만 일반 직장처럼 안정된 수익이 보장 되는 것이 아니다. 즉, 내가 뛰는 만큼 그리고 나를 필요로 하는 곳이 많을수록 경제적인 부분이나 명예가 따라오는 것이므로 나를 필요로 하는 곳이 많게 만드는 기회를 얻을 때까지 시간이 필요하다. 그렇기 때문에 명강사가 되기 위해서는 '인내심'이 꼭 필요하다. 대부분 2~3년을 버티지 못해서 그만두는 경우가 많기 때문이다.

　하지만 지금은 비록 나를 찾는 사람이 없을지라도 강사로서 매력을 지니고 콘텐츠를 날카롭게 다듬으면 다듬을수록 그날은 빨리 오게 마련이다.

　두 번째로 강사로서의 매력을 높여야 한다. 역지사지로 생각해보면 기업의 인사팀이나 컨설팅업체는 봉사단체가 아니다. 즉, 강사로서의 매력이 없으면 당연히 나를 채용하지 않는 것이다. 반대로 얘기해서 강사로서의 매력이 무엇인지 그리고 어떤 매력을 선보일 것인지를 철저히 분석할 수 있는 '통찰력'이 필요하다. 강의와 강의스킬에 대한 자신만의 통찰력을 키우는 것이 중요하다. 지금의 흐름을 따라가는 것이 아니라 앞으로 청중들을 이끌 수 있고, 유행에 흔들리지 않는 콘텐츠와 강의력을 갖춰야 한다. 우리가 흔히 말하는 베토벤, 고흐, 스필버그, 셰익스피어의 작품을 명작이라고 일컫는 이유는 언어는 달라도 사람의 마음을 깊이 파고드는 무언가가 있기 때문이고 시대를 앞서가는 통찰력이 있기 때문이다.

세 번째로 부지런해야 한다.

'아침에 일찍 일어나는 새가 먹이를 먹는다.'라는 말처럼 프로강사가 되려면 정말 부지런해야 한다. 프로강사는 1인기업의 리더이기 때문에 기획안부터 강의안 그리고 교안에 이르기까지 처음에 콘텐츠를 만드는 것에 안주하는 것이 아니라, 강의를 하면서 지속적으로 문제점과 수정사항을 보완하는 노력이 필요하다. 프로강사는 절대 완성형이 없다. 언제나 진행형이다. 그리고 처음에 강의를 망쳤다고 해도 좌절할 필요는 없다. 왜냐하면 지속적으로 발전가능성이 농후해서 청중들 역시 기대감이 들게 하는 것이 중요하다. 가령, 청중이 처음에 그 강사의 강의를 들었을 때와 1년 후에 들었을 때가 똑같다면 더 이상 그 강사의 강의를 찾지 않을 것이다. 그런데 볼 때마다 강의의 깊이감과 흥미가 더해진다면 더욱 강의를 찾게 될 수밖에 없다. 영화나 드라마를 볼 때도 배우가 관객에게 기대감을 심어주느냐 늘 똑같은 연기를 하느냐에 따라 티켓파워와 시청률이 달라지는 이유와 같다.

네 번째로 겸손해야 한다. 너무도 당연한 얘기겠지만 필자가 개인적으로 너무나 좋아하는 말이 있다. '모든 일은 계획에서 시작되고 노력으로 성취되며 교만으로 망한다.' 정말 살면서 저 말처럼 와 닿는 말은 없다. 프로강사가 되는 길도 마찬가지이다. 처음에 1년을 계획을 세우고 1~2년을 노력을 하면 빠르면 3년, 늦어도 5년 안에는 어느 정도 궤도에 오른다. 그런데 문제는 바로 '오만과 교만'이다. 어느 순간 '나는 더 이상 배울 것이 없다.'라는 생각이 드는 순간 도태되기 시작한다. 강사는 가르치는 사람이 아니라 배우는 사람이다. 남을 가르치려면 정말 꾸준히 배우고 배움에 대한 열망이 가득해야 한다.

프로강사는 완성된 것이 아니라 만들어가는 것이다. 늘 청중들의 가려운 곳을 긁어주는 강의 기획과 콘텐츠, 청중의 매력을 높일 수 있는 강의력, 그리고 부지런함과 겸손함의 동력을 얻는다면 단언컨대 누구나 매력적인 프로강사가 될 수 있다고 확신한다.

6. 명강사가 되기 위한 4가지 조건

프로강사는 최소한의 비용으로 최대만족을 얻는 직업이다.

프로강사의 경우 시간당 적게는 수십만 원부터 많게는 수천만 원에 이르기까지 능력만 있으면 경제적으로나 기회비용으로나 정말 좋은 직업이라 할 수 있다.

매일 일하는 것도 아니고 자신의 시간을 가치 있게 보낼 수 있고 스스로의 삶을 영위할 수 있으며 조직에서 오는 스트레스에서도 자유로운 직업이라 할 수 있다.

나이, 출산, 성별 등 강의력과 질 좋은 콘텐츠만 갖고 있으면 그런 모든 편견에서도 자유로울 수 있는 직업이다.

이 책은 강의 콘텐츠를 만들고 기획하는 방법부터 청중을 매료시키는 방법까지 프로강사, 명강사가 되는 구체적인 실전 방법을 제시한다.

1. SNA 온라인강의 특징

STEP 1
- PPT를 통해 **교육생의 이해를 돕는** 세심한 강의

STEP 2
- 강사위주의 일방적 강의가 아닌 교육생 중심의 1:1 소통 강의

STEP 3
- 연기와 스피치의 기초부터 실전에 이르기까지의 체계적 교육과정

STEP 4
- 최적화된 온라인 교육환경 (HD시스템, 스마트 폰 지원)

2. SNA 오프라인 교육특징

| 연기교육 | 스피치교육 | 특강교육 | 기업체강의 |

입시생, 오디션,
기획사 소속배우
1:1 레슨

자신감, 발음교정
면접, 프레젠테이션
선거, 논술, 스피치
1:1 레슨

연기 - 화술, 제스처
감정, 면접, 합격비법

스피치 - 보이스코칭
면접, 프레젠테이션

연기 - 실전연기
연기심리치료

스피치 - 실전면접
실전프레젠테이션
소통방법, 설득기술

SNA연기스피치

대표 : 김규현

주소 : 서울시 강남구 개포동 1196-7

Tel : 070) 8274-3225

홈페이지 : www.esna.co.kr